Fachprofil Lernbegleitung

Arbeitsblätter

Arbeitsblatt
Gruppenarbeit
1_1

Fachprofil Lernbegleitung

Kapitel I
Lernen verstehen

Beitrag 1
Lernbegleitung heute

Gesellschaftlicher Wandel

1) Skizzieren Sie kurz in Stichworten, was die drei Begriffe Differenzierung, Modernisierung und Individualisierung in Bezug auf den gesellschaftlichen Wandel bedeuten.

2) Diskutieren Sie in der Gruppe, welche Auswirkungen dieser Wandel auf Bildung, Erziehung, Lernen und Lehren hat.

♦ Differenzierung

♦ Modernisierung

♦ Individualisierung

Arbeitsblatt
Gruppenarbeit 1_2

Fachprofil Lernbegleitung

Kapitel I
Lernen verstehen

Beitrag 1
Lernbegleitung heute

Paradigmenwechsel in der Erziehungswissenschaft

Fassen Sie kurz zusammen, worin der Paradigmenwechsel in der Erziehungswissenschaft vom Behaviorismus zum Kognitivismus und vom Kognitivismus zum Konstruktivismus besteht.

◆ Kognitivistische Wende:
  Vom Behaviorismus ➜ zum Kognitivismus

◆ Konstruktivistische Wende:
  Vom Kognitivismus ➜ zum Konstruktivismus

Arbeitsblatt
Gruppenarbeit

1_3

Fachprofil Lernbegleitung

Kapitel I
Lernen verstehen

Beitrag 1
Lernbegleitung heute

Themendissonanz

1) Lesen Sie die Thesen durch und bewerten Sie sie individuell nach den Kategorien: völlige Ablehnung = - 3 bis umfassende Zustimmung = + 3. Bei Bedarf machen Sie sich kurze Notizen zu den einzelnen Thesen. *(7 Minuten)*

2) Bilden Sie pro These eine Gruppe und diskutieren Sie innerhalb der Gruppe alle Bewertungen zu allen Thesen. *(20 Minuten)*

3) Bereiten Sie für die These Ihrer Gruppe eine 2-minütige mündliche Präsentation im Plenum vor. *(5 Minuten)*

		-3	-2	-1	+1	+2	+3	Bemerkung
1)	Der mit Computerprogrammen erzeugte Lernerfolg beweist, dass die Forderung der konstruktivistischen Didaktik nach selbst organisierten Wissensverarbeitungsprozessen überzogen ist. Lernen kann auch häufig mit vorstrukturierten Medien und Handlungsanweisungen erfolgen.							
2)	Lernbegleitung heißt immer wieder: Die Lernenden an die Hand nehmen, um ein schwieriges Wegstück zu bewältigen.							
3)	Sachverhalte wie Geschichtszahlen, Fremdwörter oder Rechenregeln müssen klassisch „gepaukt" und durch vielfach vorgegebene Übungen vertieft werden. Da verwirren offene Lernarrangements mehr als sie nützen.							
4)	Individualisierte Lernwege finden besonders erfolgreich im sozialen Kontext, also in der Gruppe statt. Lernen braucht Kommunikation und soziale Einbindung.							
5)	Nur die intrinsische Motivation: „Ich habe das geschafft! Ich kann das!" ermöglicht erfolgreiches Lebenslanges Lernen. Extrinsische Motivation wirkt kurzfristig; auf Dauer ist sie eher kontraproduktiv: „Belohnung macht Wollen zum Müssen".							

Arbeitsblatt
Selbstlernen

1_4

Fachprofil Lernbegleitung

Kapitel I
Lernen verstehen

Beitrag 1
Lernbegleitung heute

Reflexion

Hier können Sie das bisher Gelernte noch einmal vertiefen und Ihre Ziele und Erwartungen hinsichtlich Lernbegleitung reflektieren.

1) Fassen Sie die Ihnen wichtig erscheinenden Aspekte aus dem 1. Kapitel zusammen.

Vertiefung von Texten, Foliennotizen und Thesen - Fragen dazu?

Arbeitsblatt
Selbstlernen

1_4

Fachprofil Lernbegleitung

Kapitel I
Lernen verstehen

Beitrag 1
Lernbegleitung heute

Reflexion

2) Skizzieren Sie unter Berücksichtigung der in 1) formulierten Gesichtspunkte Ihre persönlichen Ziele als Lernbegleiterin oder Lernbegleiter und wie Sie diese in Ihr berufliches Umfeld integrieren würden.

Reflexion:

◆ Meine Ziele als Lernbegleiterin oder Lernbegleiter:

◆ Lernbegleitung in meinem beruflichen Umfeld:

Arbeitsblatt
Selbstlernen

2_1

Fachprofil Lernbegleitung

Kapitel I
Lernen verstehen

Beitrag 2
Biologische Grundlagen des Lernens

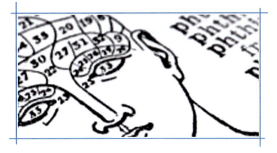

Wichtige Erkenntnisse der Gehirnforschung

1) Lesen Sie im Beitrag „Biologische Grundlagen des Lernens" den Abschnitt 2.3 „Was passiert beim Lernen im Gehirn", markieren Sie prägnante Inhalte und machen Sie sich gegebenenfalls Notizen an den Rand..

2) Fassen Sie den Inhalt in wenigen Sätzen zusammen und arbeiten Sie heraus, was für Sie besonders interessant und/oder neu ist und womit Sie sich gerne intensiver beschäftigen würden.

Arbeitsblatt
Gruppenarbeit

2_2

Fachprofil Lernbegleitung

Kapitel I
Lernen verstehen

Beitrag 2
Biologische Grundlagen des Lernens

Neurobiologische Forschungsergebnisse (Textduett)

Die beiden Texte A und B zu neurobiologischen Forschungsergebnissen und den Folgen für das Lernen[1] werden auf die Seminargruppe aufgeteilt. Jeder Teilnehmende erhält einen Text mit Aufgabenstellungen. Nach einer vorgegebenen Zeit kommen zwei Lernpartner zusammen, stellen sich gegenseitig ihr Ergebnis vor und erarbeiten die wichtigsten Thesen des jeweiligen Textes.

1) Lesen Sie Ihren Text und markieren oder notieren Sie sich wesentliche Aussagen, um anschließend Ihren Teil des Textes einem Gegenüber zu erläutern. Gestalten Sie hierzu eine Mind-Map, ein Cluster oder eine Darstellung Ihrer Wahl zur visuellen Unterstützung für sich selbst oder für die Gesprächspartnerin/den Gesprächspartner. *(15 Minuten)*

2) Suchen Sie sich einen Gesprächspartner mit dem jeweilig anderen Text. Stellen Sie sich gegenseitig Ihre Textinhalte vor. Konzentrieren Sie sich dabei zunächst auf die Informationen Ihres Gegenübers und treten Sie erst dann in eine Diskussion ein. *(35 Minuten)*

3) Skizzieren Sie gemeinsam auf einem Plakat die wichtigsten Erkenntnisse und ergänzen Sie diese gegebenenfalls mit nach der Diskussion verbliebenen Unklarheiten oder Fragen. *(10 Minuten)*

4) Hängen Sie Ihr Plakat im Seminarraum auf.

---

1) Mögliche Texte können sein:

Ulrich Hermann: Lernen - vom Gehirn aus betrachtet. In: Gehirn & Geist, 12/2008, S. 44-48, Spektrum der Wissenschaft Verlagsgesellschaft mbH, Heidelberg 2008

Heinz Schirp: Neurophysiologische Ergebnisse und ihre Bedeutung für die Gestaltung von Lehr- und Lernprozessen. 10 Kernaussagen zu neurobiologischen Befunden. BundesElternRat. Internet: http://sansiwi.san.hrz.uni-siegen.de/heupel/lernen/neurologisch_schirp.pdf [Stand: 27.04.2010]

Arbeitsblatt
Selbstlernen

3_1

Fachprofil Lernbegleitung

Kapitel I
Lernen verstehen

Beitrag 3
Diversity und Lernen

Diversitymanagement

1) Erläutern Sie kurz, was man unter Diversitymanagement versteht.

2) Ziehen Sie ausgehend vom Diversitymanagement-Gedanken Rückschlüsse darauf, was dies für die Lernbegleitung in Bezug auf Lernen in generationsübergreifenden und interkulturellen Gruppen bedeuten könnte.

                                                            Diversity

Generationen   **Kultur**

Arbeitsblatt
Selbstlernen

3_2

Fachprofil Lernbegleitung

Kapitel I
Lernen verstehen

Beitrag 3
Diversity und Lernen

Voneinander / Miteinander / Übereinander lernen

Ergänzen Sie die untenstehende Tabelle mit praktischen Beispielen für generationenübergreifendes Lernen. Unterscheiden Sie dabei nach dem didaktischen Aspekt des voneinander, miteinander und übereinander Lernens. Sie können auf Erfahrungen aus Ihrer Arbeitswelt zurückgreifen oder neue Beispiele konstruieren.

	voneinander lernen	miteinander lernen	übereinander lernen
Wissensvermittlung	Expertenwissen liegt bei den Generationen und wird zwischen den Generationen ausgetauscht	Expertenwissen liegt außerhalb oder wird gemeinsam erarbeitet	Generationsspezifische Lebenserfahrungen und Umgang mit Wissen werden ausgetauscht.
didaktische Methode	Mentorenprogramme / Juniorexperten	Thematische Arbeitskreise / Seniorenstudium	Beschreibung der aktuellen Lebenswelt / erzählte Geschichte
beispielhafte Umsetzung	Bewerbungstraining Internetkurse	Solartechnik	gegenseitiges Biografie-Schreiben
Beispiele aus meiner Arbeitswelt			
Beispiele aus meinem Alltag			

Quelle: Nach Anreas Meese: „Lernen im Austausch der Generationen", DIE Magazin II/2005, S. 39f, Bertelsmann, Bielefeld 2005

Arbeitsblatt
Gruppenarbeit
3_3

Fachprofil Lernbegleitung

Kapitel I
Lernen verstehen

Beitrag 3
Diversity und Lernen

Interkulturelles Lernen (Gruppenpuzzle)

Setzen Sie sich mit Aspekten interkulturellen Lernens auseinander. Arbeiten Sie dazu mit dem vorliegenden Material in Gruppen.

1. Phase: Ausgangsgruppe *(15 Minuten)*

1) Ziehen Sie eine Karte mit einer Ziffer und setzen Sie sich zur Gruppe mit den gleichen Ziffern (Ausgangsgruppe).

2) Lesen Sie den Ihrer Gruppe zugeordneten Text aufmerksam durch. *(ca. 3 Minuten)*

3) Tauschen Sie sich innerhalb Ihrer Ausgangsgruppe über den Textinhalt aus und verfassen Sie gemeinsam eine kurze Zusammenstellung der wichtigsten Gedanken.

2. Phase: Expertengruppe *(30 Minuten)*

1) Gehen Sie mit Ihren Notizen in Ihre Expertengruppe (Gruppe mit der gleichen Kartenfarbe).

2) Stellen Sie sich gegenseitig die Ergebnisse Ihrer Ausgangsgruppe vor. *(jeweils 2-3 Minuten)*

3. Phase: Wissensaustausch

1) Kehren Sie in Ihre Ausgangsgruppe zurück und stellen Sie auf einem Plakat Ihre gemeinsam erarbeiteten Vorstellungen interkultureller Lernbegleitung dar.

2) Wählen Sie abschließend einen Vertreter Ihrer Ausgangsgruppe, der im Plenum die Ergebnisse vorstellt (Methode Fishbowl).

Arbeitsblatt
Gruppenarbeit

4_1

Fachprofil Lernbegleitung

Kapitel II
Selbstlernprozesse unterstützen

Beitrag 4
Lehrende und Lernende in Selbstlernprozessen

Selbstlernprozesse unterstützen

1) Besprechen Sie in kleinen Gruppen entlang der vorgegebenen Leitfragen die Inhalte des Kapitels „Lehrende und Lernende in Selbstlernprozessen".

2) Bestimmen Sie einen Repräsentanten, der in einem Fishbowl die Ergebnisse Ihrer Gruppe vorstellt.

Gesamtzeit: 25 Minuten

- Meine Erfahrungen mit verschiedenen Arrangements und abwechselnden Sozialformen in Lernprozessen...

- Umfassende Lernkompetenz heißt für mich...

- Die „Unterstützerliste" möchte ich ergänzen durch...

- Lernende müssen nicht Experten für ihr eigenes Lernen werden; das ist die Aufgabe von Lernbegleiterinnen und -begleitern...

- Das Haus des Lernens passt als Modell nicht nur für Schulen, sondern auch...

Arbeitsblatt
Gruppenarbeit

4_2

Fachprofil Lernbegleitung

Kapitel II
Selbstlernprozesse unterstützen

Beitrag 4
Lehrende und Lernende in Selbstlernprozessen

Lernmethoden (Gruppenpuzzle)

In dieser Gruppenarbeit lernen Sie verschiedene Lernmethoden kennen und tauschen sich über diese aus. Dies soll mithilfe der Methode „Gruppenpuzzle" geschehen. Dazu bilden Sie Gruppen, in denen die verschiedenen Lerninhalte erarbeitet werden. Anschließend werden die Gruppen neu gemischt und die Arbeitsergebnisse aus den Ausgangsgruppen ausgetauscht.

1. Phase: Ausgangsgruppe (15 Minuten)

1) Bilden Sie die Ausgangsgruppen entsprechend der Aufteilung, die Ihre Lernbegleiterin/ihr Lernbegleiter vorgesehen hat.

2) Lesen Sie die Ihrer Gruppe zugeordnete Methodenbeschreibung aufmerksam durch.

3) Tauschen Sie sich innerhalb Ihrer Ausgangsgruppe über die Methode unter folgenden Aspekten aus:

- Meine Erfahrungen mit dieser Methode …
- Entspricht diese Methode meinem Lehr- bzw. Lernbegleitungsstil?
- Ideen zum Einsatz der Methode …

4) Notieren Sie sich Ergebnisse Ihrer Diskussion, um Sie in der Expertengruppe weitergeben zu können.

2. Phase: Expertengruppe (30 Minuten)

1) Gehen Sie nun mit Ihren Notizen in Ihre Expertengruppe

2) Stellen Sie sich gegenseitig die Ergebnisse Ihrer Ausgangsgruppen vor.

3) Einigen Sie sich auf mögliche Anwendungen der einzelnen Methoden, möglicherweise auch auf Methoden-Kombinationen.

3. Phase: Wissensaustausch (30 Minuten)

Kehren Sie in ihre Ausgangsgruppe zurück und erarbeiten Sie anhand Ihres Expertenwissens Auswahlkriterien für Methoden. Halten Sie Ihre Ergebnisse auf einem Plakat fest und präsentieren Sie diese in der gesamten Runde.

Arbeitsblatt
Selbstlernen

4_3

Fachprofil Lernbegleitung

Kapitel II
Selbstlernprozesse unterstützen

Beitrag 4
Lehrende und Lernende in Selbstlernprozessen

Kriterien für Lernmethoden

Notieren Sie sich Kriterien, die Ihnen für die Wahl einer Lernmethode wichtig erscheinen.

◆ Wenn ich Lernmethoden auswähle, berücksichtige ich die folgenden Kriterien ...

Arbeitsblatt
Selbstlernen

5_1

Fachprofil Lernbegleitung

Kapitel II
Selbstlernprozesse unterstützen

Beitrag 5
Lerntypen und Lerntypentests

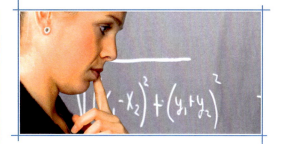

Lerntypentest - Arbeitsanweisung

Ziel dieses Lerntypentests ist es, aufzuzeigen, über welche Sinneskanäle am besten Informationen aufgenommen werden und welche Lernformen diesen am ehesten entsprechen würden.

Raumgestaltung

Der Lerntypentest kann in jedem Raum aufgebaut werden, man sollte dabei die Anzahl der Teilnehmerinnen und Teilnehmer berücksichtigen. Die Stationen 2, 3, 4 und 5 werden im Idealfall jeweils in einer Ecke des Raumes (möglichst weit voneinander entfernt) aufgebaut. Station 1 (Hören) sollte so aufgebaut werden, dass ungestörtes Hören möglich ist.

Material

Hilfreich für die akustische Unterstützung des Stationenwechsels ist ein Klanginstrument wie z.B. ein Triangel, ein Gong oder eine Glocke. Um die Zeit an den Stationen einzuhalten, legen Sie sich eine Stoppuhr bereit (auch Handys haben eine Stoppuhrfunktion).

Desweiteren benötigen Sie die Vorlage mit den Begriffserläuterungen sowie für alle Lernenden das Arbeitsblatt „Begriffszuordung".

Stationen

Erstellen Sie aus den beiliegen Kopiervorlagen jeweils 5 Stationsschilder und 5 Arbeitsanweisungen (praktischer Weise können diese laminiert werden). Kopieren Sie die Kärtchen mit den zu erlernenden Begriffen in ausreichender Anzahl: An jeder Station sollte für jeden Lernenden ein gesonderter Umschlag mit den jeweiligen Begriffen zur Verfügung stehen.

Stellen Sie sicher, dass an Station 1 CD-Player oder Laptops mit ausreichender Anzahl Kopfhörer zu nutzen sind.

Für Station 4 werden Schmierzettel in ausreichender Zahl (DIN A5) und Stifte sowie ein Papierkorb benötigt.

Lerntypentest - Durchführung

Der Lerntypentest ist in Form von 5 Lernstationen konzipiert. An den verschiedenen Stationen werden jeweils 4 den Teilnehmerinnen und Teilnehmern unbekannte Begriffe sowie die dazu gehörige deutsche Erklärung dargeboten. Die einzelnen Stationen unterscheiden sich dabei zum einen in der Präsentation der Begriffe und anderseits in der Art und Weise, wie die Begriffe (bzw. deren Erklärung) gelernt werden sollen. Nach einer kurzen Instruktionsphase durchlaufen die Lernenden selbstständig dieses Lernarrangement und schreiben im Anschluss daran einen Test.

Teilnehmerzahl

Die Teilnehmerzahl für den Lerntypentest ist prinzipiell unbegrenzt und wird lediglich durch äußere Faktoren (räumliche Möglichkeiten) bestimmt. In einem normalen Raum ist die Durchführung auch mit sehr großen Gruppen ohne Schwierigkeiten möglich.

Die Anzahl der Lernenden bestimmt maßgeblich den Aufbau der Stationen. Sollen beispielsweise 32 Lernende bei diesem Test mitmachen, so muss jede der 5 Stationen für 7 Personen ausgerüstet, d.h. es müssen z.B. 7 Kärtchenpakete zur Verfügung gestellt werden.

Zeitbedarf

Für den Aufbau des Lernarrangements sind ca. 30 Minuten zu veranschlagen, wobei das Umräumen des Raumes die meiste Zeit in Anspruch nimmt. Die zeitliche Dauer für die Durchführung des Lerntypentests kann der zur Verfügung stehenden Zeit angepasst werden. Auf jeden Fall notwendig ist die Instruktion der Lernenden vor Beginn des Tests, was aber erfahrungsgemäß 5 Minuten nicht überschreitet. Zur Realisierung der Lernstationen ist eine Zeitspanne von ca. 25 - 30 Minuten anzusetzen (je 2 Minuten pro Station und 1-2 Minuten für den Wechsel der Stationen und das Lesen der Arbeitsanweisungen).

Das Schreiben des abschließenden „Erinnerungstests" dauert inklusive einiger Erklärungen zum Ablauf ca. 12 Minuten, die anschließende Auswertung nimmt ca. 10 - 15 Minuten in Anspruch. Insgesamt wird für die reine Durchführung des gesamten Lerntypentests eine Zeitspanne von ca. 60 Minuten benötigt.

Arbeitsblatt
Selbstlernen

5_1

Fachprofil Lernbegleitung

Kapitel II
Selbstlernprozesse unterstützen

Beitrag 5
Lerntypen und Lerntypentests

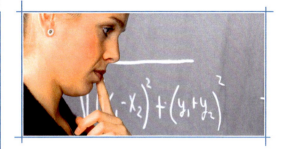

Lerntypentest - Durchführung

Aufbau der Stationen

An allen Stationen werden die Stationenschilder mit der entsprechenden Nummer und die passende Arbeitsanweisung (siehe Kopiervorlagen) so mit Klebeband an der Wand befestigt, dass sie für die Teilnehmerinnen/Teilnehmer gut lesbar sind.

Der Aufbau der einzelnen Stationen gestaltet sich wie folgt:

- **Station 1:**
  Der CD-Player/oder Laptop befindet sich im Idealfall außerhalb des Raumes. Wenn er im selben Raum steht, dann unbedingt Kopfhörer anschließen. Die CD oder der Soundfile ist startbereit.

- **Station 2:**
  An dieser Station werden Tische an die Wand gestellt. Auf die Tische werden Kärtchenpakete (je 4 Karten pro Paket) entsprechend der Teilnehmerzahl (an dieser Station) gelegt.

- **Station 3:**
  Der Aufbau erfolgt wie bei Station 2. Allerdings werden statt der Kärtchenpakete Einzelblätter, auf denen sich alle 4 Begriffe befinden, verwendet.

- **Station 4:**
  Zusätzlich zum Aufbau von Station 2 sollten neben den Kärtchenpaketen auf jedem Platz Schmierzettel und ein Stift bereitgestellt werden. Ebenso ist die Bereitstellung eines Papierkorbes in unmittelbarer Nähe der Station für die Entsorgung der Zeichnungen notwendig.

- **Station 5:**
  Der Aufbau erfolgt wie bei Station 2.

Arbeitsblatt
Selbstlernen

5_1

Fachprofil Lernbegleitung

Kapitel II
Selbstlernprozesse unterstützen

Beitrag 5
Lerntypen und Lerntypentests

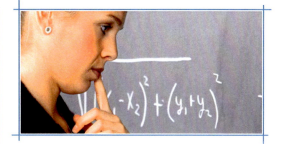

Lerntypentest - Durchführung

Akustische Signale zur Unterstützung der Teilnehmer

Die einzelnen Begriffe sollen an den verschiedenen Stationen jeweils in einer halben Minute „gelernt" werden. Der Ablauf einer halben Minute wird von der Lernbegleitung durch einen Gongschlag (Triangel oder ähnliches) angezeigt, damit sich die Lernenden nicht auf die Zeit konzentrieren müssen, sondern ihre gesamte Aufmerksamkeit auf den zu erlernenden Inhalt richten können. Nach dem letzten Begriff einer Station, also nach jeweils zwei Minuten, ertönt das akustische Signal dreimal kurz hintereinander, um auf den Wechsel zur nachfolgenden Station hinzuweisen.

Zusätzlich wird durch das erste akustische Signal sicher gestellt, dass an allen Stationen gleichzeitig begonnen wird.

Kurzcheckliste für Lernberatung

Vor der Durchführung des Stationenlernens:

- Kurzinfo für Teilnehmerinnen und Teilnehmer über Aufbau und Ablauf des Stationenlernens.
- Zielangabe zum anschließenden Test: Es werden die deutschen Begriffe abgefragt.
- keine besonderen Lerntechniken anwenden, sondern sich auf die Stationen einlassen.
- Hinweis auf konzentriertes Lesen der unterschiedlichen Arbeitsanweisungen (insbesondere Karten einzeln aufnehmen).
- Der Test läuft nicht wie in der Schule ab, niemand muss die Ergebnisse sehen.
- Verhalten (Station verlassen wie vorgefunden; geringe Lautstärke, um andere nicht zu stören, nicht über Inhalte austauschen).
- Akustische Signale (nach einer halben Minute Gongschlag, Ende der Station bei 3-fachem Gong)
- die Teilnehmenden sollten sich möglichst gleichmäßig auf die verschiedenen Stationen verteilen, wobei sich mindestens 2 Teilnehmende pro Station aufhalten sollten.
- Der Zyklus kann an jeder Station begonnen werden, danach erfolgt der Wechsel im Uhrzeigersinn

Wichtig: Nach etwaigen Unklarheiten fragen!

Arbeitsblatt
Selbstlernen

5_1

Fachprofil Lernbegleitung

Kapitel II
Selbstlernprozesse unterstützen

Beitrag 5
Lerntypen und Lerntypentests

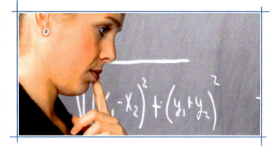

Lerntypentest - Auswertung

An das Stationenlernen schließt sich der Test über das soeben Gelernte an. Empfohlen wird, vor diesem Test eine ca. 15-minütige Pause einzulegen, um die Begriffe der allerletzten Station aus dem Kurzzeitgedächtnis zu tilgen. Sollte dies nicht möglich sein, so ist aus den oben genannten Gründen zumindest eine 5minütige Unterbrechung notwendig. (Für Ablenkung sorgen!)

Begriffszuordnung

Für den Zuordungstest und seine nachfolgende Auswertung werden die Kopien des Arbeitsblattes „Begriffszuordnung" für alle Lernende benötigt. Die Lernbegleitenden haben die Vorlage der Begriffszuordnung zur Hand.

Da ein Spicken deutlich die Ergebnisse verändern kann, ist es notwendig vor der Durchführung des Tests, die Teilnehmerinnen und Teilnehmer auf die Bedeutung der individuellen Ergebnisse hinzuweisen Es empfiehlt sich, die Teilnehmenden für den Test weit auseinander zu setzen.

Ablauf

Die Lernenden erhalten jeder das Arbeitsblatt „Begriffszuordnung", in das sie so viele deutsche Erklärungen den vorgegebenen Fremdwörtern zuordnen wie möglich. Vor Beginn des Zuordnungstests sollte die Zeitvorgabe von insgesamt 10 Minuten und deren genaue Einhaltung deutlich gemacht werden und dann geht's los.

Auswertung

Um die während des Stationenlernens und des anschließenden Tests aufgebaute Spannung möglichst gewinnbringend für alle ausnutzen zu können, sollte die Auswertung des Tests direkt folgen. Sie wird von der Lernbegleitung durchgeführt, indem sie die Lösungen vorliest. Alternativ können die Lösungen auch mit dem Beamer an die Wand geworfen werden.

Zuordnung der Stationen/Lernwege

Jetzt findet mithilfe der Stationstabelle (Siehe Arbeitsblatt 5_2, Seite 2) auf dem Auswertungsbogen die Zuordnung der Begriffe zu den einzelnen Stationen statt. Jeder Lernende macht in dem zugehörigen Stationkreis einen Strich zu seinen richtigen Antworten. Auf diese Art und Weise wird den Lernenden dokumentiert, an welchen Stationen er/sie wie viele Begriffe gelernt hat. Häufig wird festzustellen sein, dass an mehreren Stationen gleich viele Begriffe erlernt wurden. Dieses Ergebnis spiegelt die Tatsache wieder, dass es sehr selten Lerntypen in „Reinkultur" gibt.

Arbeitsblatt
Selbstlernen

5_2

Fachprofil Lernbegleitung

Kapitel II
Selbstlernprozesse unterstützen

Beitrag 5
Lerntypen und Lerntypentests

Lerntypentest Begriffszuordnung

Versuchen Sie zu möglichst vielen der folgenden Begriffe eine deutsche Erklärung zuzuordnen (maximal 2 Wörter).

Verwenden Sie für jeden Begriff nicht mehr als eine halbe Minute und gehen Sie dann zum nächsten Begriff.

Lassen Sie die erste Spalte bitte frei.

	Nr.	Begriff	Erklärung	Ok?
	1	Brakteat		
	2	Tesching		
	3	Staket		
	4	Leghorn		
	5	Troglodyt		
	6	Mansube		
	7	Bombage		
	8	Batate		
	9	Rutil		
	10	Parusie		
	11	Jalape		

Arbeitsblatt
Selbstlernen

5_2

Fachprofil Lernbegleitung

Kapitel II
Selbstlernprozesse unterstützen

Beitrag 5
Lerntypen und Lerntypentests

Lerntypentest Begriffszuordnung

Nr.	Begriff	Erklärung	Ok?
12	Jucker		
13	Serpent		
14	Talmi		
15	Barsoi		
16	Toboggan		
17	Samum		
18	Kapotte		
19	Baschlik		
20	Hakim		

Station 1	Station 2	Station 3	Station 4	Station 5

Arbeitsblatt
Selbstlernen

Lerntypentest Begriffszuordnung

Hinweis: Das Lösungsblatt „Begriffszuordnung" bitte erst nach Abschluss des Lerntypentests austeilen.

Nr.	Begriff	Erläuterung	Station
1	Brakteat	alte Münze	3
2	Tesching	Kleinkalibergewehr	4
3	Staket	Lattenzaun	4
4	Leghorn	Haushuhn	1
5	Troglodyt	Höhlenbewohner	2
6	Mansube	Schachproblem	5
7	Bombage	Aufwölbung bei Konservendosen	4
8	Batate	Süßkartoffel	5
9	Rutil	rotbraunes Mineral	1
10	Parusie	Wiederkunft Christi	1

Nr.	Begriff	Erläuterung	Station
11	Jalape	mexikanisches Abführmittel	5
12	Jucker	Wagenpferd	2
13	Serpent	schlangenartiges Blasinstrument	4
14	Talmi	wertloser Kram	1
15	Barsoi	Windhund	3
16	Toboggan	kanadischer Schlitten	3
17	Samum	heißer Wüstenwind	2
18	Kapotte	Regenmantel mit Kapuze	5
19	Baschlik	Wollmütze	3
20	Hakim	Gelehrter, kluger Mann	2

Arbeitsblatt
Selbstlernen

5_3

Fachprofil Lernbegleitung

Kapitel II
Selbstlernprozesse unterstützen

Beitrag 5
Lerntypen und Lerntypentests

Trainingsspiralen

Überlegen Sie, zu welchen Lern- oder Arbeitstechniken (Skills) Sie Trainingsspiralen entwickeln können. Stellen Sie diese dar.

Arbeitsblatt
Gruppenarbeit

5_4

Fachprofil Lernbegleitung

Kapitel II
Selbstlernprozesse unterstützen

Beitrag 5
Lerntypen und Lerntypentests

Trainingsspirale: Gekonnter Vortrag mit Plakat

Zu Beginn hält die Lernbegleiterin/der Lernbegleiter einen Vortrag zu einem beliebigen Thema und verwendet dabei Visualisierungen mittels Plakat. Dabei macht sie/er hinsichtlich der Vortragsweise und der Visualisierungen absichtlich etliche Fehler.

1) Achten Sie bei dem Vortrag bitte weniger auf die Inhalte als auf die Vortragsweise und die Visualisierungen. Notieren Sie sich während des Vortrags, was gut gelingt und welche Fehler gemacht werden. *(10 Minuten)*

2) Tauschen Sie sich danach in Murmelgruppen (siehe Methoden) aus. *(5 Minuten)*

3) In einem Brainstorming werden an einer Tafel die erkannten Fehler als Mind-Map oder Cluster visualisiert. *(10 Minuten)*

4) Bringen Sie anschließend alle Tipps, die Sie zur Verbesserung des Vortrags haben, in einem Gruppenmix (siehe Methoden) ein. Verwenden Sie in den Ausgangsgruppen die vorstrukturierten Tippblätter (Seiten 2 bis 5 dieses Arbeitsblattes). Erstellen Sie anschließend in der Expertengruppe ein gemeinsames Tippplakat und stellen Sie dieses im Plenum vor. *(60 Minuten)*

Arbeitsblatt
Gruppenarbeit

5_4

Fachprofil Lernbegleitung

Kapitel II
Selbstlernprozesse unterstützen

Beitrag 5
Lerntypen und Lerntypentests

Trainingsspirale: Gekonnter Vortrag mit Plakat

Vorstrukturiertes Tippblatt A

Bei einem Vortrag muss zunächst das gesprochene Wort gut zu verstehen sein. Genauso wichtig ist es jedoch für die Zuhörenden, alles auf einem Plakat visualisierte deutlich zu sehen.

Wichtige Tipps für einen Vortrag mit Plakat sind deshalb:

- Zuerst das Plakat aufhängen oder die Folie auflegen. Auf die Sichtbarkeit achten! Nichts verdecken!
- Hinweis darauf, wie viele Medien, Materialien (Plakat, Arbeitsblätter, vielleicht noch weiteres) verwendet werden.
- Deutlich machen, wann sich der Vortrag auf das Plakat bezieht.
- Plakat und Vortrag müssen nicht übereinstimmen aber sich ergänzen bzw. zusammenpassen.
- Auf das Plakat zeigen ohne zu reden, nicht mit den Fingern!

Überprüfen Sie diese Tipps. Notieren Sie sich weitere Tipps zur Visualisierung bei einem Vortrag:

Arbeitsblatt
Gruppenarbeit
5_4

Fachprofil Lernbegleitung

Kapitel II
Selbstlernprozesse unterstützen

Beitrag 5
Lerntypen und Lerntypentests

Trainingsspirale: Gekonnter Vortrag mit Plakat

Vorstrukturiertes Tippblatt B

Bei einem Vortrag ist der Einstieg ungemein wichtig. Die Aufmerksamkeit der Zuhörerinnen und Zuhörer wird in der ersten Minute gewonnen - oder nicht!

Wichtige Tipps für einen Vortrag mit Plakat sind deshalb:

- Zuhörer anschauen
- 3 Sekunden warten: ein-und-zwan-zig, zwei-und-zwanzig ...
- tief durchatmen
- zuerst das Thema nennen
- angeben, wer alles an diesem Vortrag beteiligt ist oder ob Sie ihn alleine halten.
- angeben, wie lange der Vortrag dauert.

Überprüfen Sie diese Tipps. Notieren Sie sich weitere Tipps für einen gelungenen Einstieg in einen Vortrag.

Arbeitsblatt
Gruppenarbeit

Trainingsspirale: Gekonnter Vortrag mit Plakat

Vorstrukturiertes Tippblatt C

Bei einem Vortrag werden in der ersten Minute die Weichen für das Gelingen gelegt. Aber auch das weitere Reden will gekonnt sein, um die Zuhörerinnen und Zuhörer bei Laune zu halten.

Wichtige Tipps für einen Vortrag mit Plakat sind deshalb:

- L a n g s a m und mit Betonung sprechen, laut, leise, hoch, tief: die verschiedenen Möglichkeiten der Sprache einsetzen.
- Deutlich reden! Nach einem wichtigen Satz kurz warten und Gelegenheit zum Nachdenken geben.

Überprüfen Sie diese Tipps. Notieren Sie sich weitere Tipps die Ihnen zum Thema „Reden" einfallen.

Arbeitsblatt
Gruppenarbeit

5_5

Fachprofil Lernbegleitung

Kapitel II
Selbstlernprozesse unterstützen

Beitrag 5
Lerntypen und Lerntypentests

Trainingsspirale: Starke Plakate

Anhand von mitgebrachten Plakaten erarbeiten Sie sich Details, die ein „gutes" und damit aussagekräftiges Plakat ausmachen.

1. Phase:

1) Die mitgebrachten Plakate werden kurz vorgestellt. Sammeln Sie anschließend in einem Brainstorming Kriterien, die ein Plakat ausmachen. Fragen Sie sich: „Was macht ein Plakat zum Plakat?" *(5 - 10 Minuten)*

2) Fassen Sie die Ideen mündlich zusammen und notieren Sie wichtige Aspekte auf Karten. *(10 Minuten)*

3) Bilden Sie nun zu jeder „Themenkarte" gleich große Arbeitsgruppen, die Ihre Ergebnisse zu einem späteren Zeitpunkt in einem Gruppenmix austauschen. *(2 - 3 Minuten)*

4) Sammeln Sie wichtige Tipps zu Ihrem Thema. Notieren Sie diese in Form von Regeln auf einen Zettel. *(15 Minuten)*

Mixgruppen:

5) Bilden Sie nun entsprechend der Methode „Gruppenmix" neue Gruppen. In jeder Gruppe sollte jeweils ein Vertreter der Ausgangsgruppen vertreten sein. Erstellen Sie nun anhand der gemeinsam erarbeiteten Regeln ein Plakat. *(30 Minuten)*

6) Sehen Sie sich die Plakate der anderen Gruppen an und schreiben Sie kurze Kommentare dazu. *(10 Minuten)*

7) Überarbeiten Sie Ihr eigenes Plakat anhand der Kommentare oder gestalten Sie es gegebenenfalls neu. *(15 Minuten)*

8) Nun werden die Plakate im Raum aufgehangen. Diskutieren Sie mit allen Teilnehmerinnen und Teilnehmern unter Berücksichtigung der Erfahrungen, die Sie gemacht haben, Tipps zur Gestaltung eines Plakats. Verfassen Sie diese gemeinsam als Regeln. *(35 Minuten)*

Arbeitsblatt
Selbstlernen

6_1

Fachprofil Lernbegleitung

Kapitel II
Selbstlernprozesse unterstützen

Beitrag 6
Lernferne oder bildungsferne Menschen und Lernen im Lebenslauf

Bildungsfern-Lernfern (Stiller Dialog)

Was fällt Ihnen zu den Begriffen „bildungsfern" und „lernfern" ein?

Sammeln Sie mithilfe eines „Stillen Dialogs" Assoziationen dazu.

Bildungsfern

Lernfern

Arbeitsblatt
Gruppenarbeit

6_2

Fachprofil Lernbegleitung

Kapitel II
Selbstlernprozesse unterstützen

Beitrag 6
Lernferne oder bildungsferne Menschen und Lernen im Lebenslauf

Lernmethoden und Lerntechniken für Lernferne

Im Kapitel „Lernferne oder Bildungsferne Menschen und Lernen im Lebenslauf" haben Sie einiges über mögliche Strategien, lernferne Menschen für weiteres Lernen aufzuschließen erfahren.

Bilden Sie kleine Arbeitsgruppen und halten Sie Ihnen geeignet erscheinende Methoden fest. Oder erarbeiten Sie weitere Strategien, die eingesetzt werden können, um Lernferne für Weiterbildung zu gewinnen.

1) Welche Methoden halten Sie für geeignet, um Lernferne fürs Lernen aufzuschließen?

2) In welchen Zusammenhängen würden Sie welche Methode einsetzen?

3) Welche Lerntechniken halten Sie für passend?

Arbeitsblatt
Gruppenarbeit
8_1

Fachprofil Lernbegleitung

Kapitel III
Medien nutzen

Beitrag 8
Forschungsergebnisse zum multimedialen Lernen

Multimedial gestütztes Lernen

Diskutieren Sie mithilfe der Methode „Heisser Stuhl" die folgenden Thesen zum multimedial gestützen Lernen.

1) In Zukunft werden wir nur noch in dreidimensionalen Lernumgebungen wie z. B. Second Life lernen.

2) Der Einsatz von Computer und Internet im Rahmen von Bildungsangeboten wirft ständig Urheberrechts- und Datenschutzproblematiken auf.

3) Das Internet ist eine riesige Lernumgebung.

4) Der Einsatz von Computer und Internet lenkt von den eigentlichen Lernzielen ab.

5) Der Einsatz von Lernprogrammen soll zur Kosteneinsparungen führen.

6) Digital Divide: Computer und Internet vergrößern die Chancenungleichheit von benachteiligten und begünstigten Lernergruppen.

7) Mediengestützte Lernangebote unterstützen Lehrkräfte bei der Differenzierung des Unterrichts.

8) Warum soll ich noch lernen, wenn wir alles googeln können?

9) Lernen mit PC und Internet benachteiligt Frauen.

10) Reale Erfahrungen sind immer besser als Eindrücke, die mithilfe von Medien vermittelt werden.

11) Dem Mobile Learning (Lernen mit mobilen Endgeräten, wie dem Handy) gehört die Zukunft.

12) Junge Menschen wachsen mit den so genannten „neuen Medien" auf. Die Vermittlung von Medienkompetenz stellt sich als Aufgabenstellung bald nicht mehr.

13) Das Internet hebt die Grenzen zwischen Unterricht und der wirklichen Welt auf.

Arbeitsblatt
Gruppenarbeit
8_2

Fachprofil Lernbegleitung

Kapitel III
Medien nutzen

Beitrag 8
Forschungsergebnisse zum multimedialen Lernen

Entwicklung multimedialer Lernszenarios

Erarbeiten Sie als Lerntandem (siehe Methoden) ein mediengestütztes didaktisches Konzept für das Lernproblem einer bestimmen Zielgruppe.

Hinweise zur Aufgabenstellung

◆ Die folgenden Seiten dieses Arbeitsblattes benennen jeweils die Zielgruppe und das spezifische Lernproblem und geben eine unterstützende Arbeitsstruktur vor.

◆ Verwenden Sie zu Ihrer Unterstützung die Fragen- und Checkliste zur Erstellung didaktischer Konzepte für mediengestützte Lernszenarien aus dem Fachbuch.

◆ Präsentieren Sie - in der jeweils angegebenen Präsentationsform - Ihre Ideen und Vorschläge im Forum der Seminargruppe. Begründen Sie bitte Ihre Medienauswahl bzw. erläutern Sie auch, warum aus Ihrer Sicht bestimmte Medien weniger gut geeignet sind.

Selbstlernphase

◆ Vergleichen Sie Ihre didaktischen Konzepte mit den jeweils praktisch erprobten Lernszenarios aus den einzelnen Best Practice Beispielen.

Arbeitsblatt
Gruppenarbeit

8_2

Fachprofil Lernbegleitung

Kapitel III
Medien nutzen

Beitrag 8
Forschungsergebnisse zum multimedialen Lernen

Lernszenario für **Kitakinder**

Zusammenhänge darstellen

Kitakinder lernen bzw. üben, Erlebtes oder Erfundenes zusammenhängend zu erzählen und anderen Kindern verständlich zu machen. Sie finden, erstellen oder verwenden dazu passende Bilderwelten.

Präsentieren Sie Ihr Lernszenario mithilfe eines Flipcharts (max. 2 Blätter).

◆ Lernidee / Szenario:

◆ Einsatz der Medien:

◆ Ablauf:

Arbeitsblatt
Gruppenarbeit
8_2

Fachprofil Lernbegleitung

Kapitel III
Medien nutzen

Beitrag 8
Forschungsergebnisse zum multimedialen Lernen

Lernszenario für **Kitakinder**

Wahrnehmung schulen

Im Rahmen der frühkindlichen Bildung gilt es, die Konzentration und Sinneswahrnehmung der Kinder zu schulen und hierbei den Entdecker- und Erfinderdrang der Kinder zu berücksichtigen.

Präsentieren Sie Ihr Lernszenario in Form einer Radiosendung mit verteilten Rollen (z.B. Nachrichten, Talkrunde, Interview...).

◆ Lernidee / Szenario:

◆ Einsatz der Medien:

◆ Ablauf:

Arbeitsblatt
Gruppenarbeit

8_2

Fachprofil Lernbegleitung

Kapitel III
Medien nutzen

Beitrag 8
Forschungsergebnisse zum multimedialen Lernen

Lernszenario für **Schülerinnen und Schüler**

Politische Weltkunde

Schülerinnen und Schüler sollen sich in den Unterrichtsfächern Politische Weltkunde oder Sozialkunde mit unterschiedlichen Aspekten des Verhältnisses von Individuum, Politik, Staat und Gesellschaft auseinandersetzen.

Präsentieren Sie Ihr Lernszenario mithilfe eines Flipcharts (max. 2 Blätter).

◆ Lernidee / Szenario:

◆ Einsatz der Medien:

◆ Ablauf:

Arbeitsblatt
Gruppenarbeit
8_2

Fachprofil Lernbegleitung

Kapitel III
Medien nutzen

Beitrag 8
Forschungsergebnisse zum multimedialen Lernen

Lernszenario für **Schülerinnen und Schüler**

Soziale Kompetenz

Soziale und interkulturelle Kompetenz bei Schülerinnen und Schülern auszuprägen bzw. zu entwickeln, sollte auch Aufgabe des Unterrichts bzw. des Schulalltages sein. Themen wie Toleranz, Taktgefühl, Empathie und Kommunikation(-stheorie) können Schwerpunkte von Unterrichtsfächern wie Philosophie, Psychologie aber auch Kunst sein.

Präsentieren Sie Ihr Lernszenario grafisch in Form eines Plakates.

◆ Lernidee / Szenario:

◆ Einsatz der Medien:

◆ Ablauf:

Arbeitsblatt
Gruppenarbeit
8_2

Fachprofil Lernbegleitung

Kapitel III
Medien nutzen

Beitrag 8
Forschungsergebnisse zum multimedialen Lernen

Lernszenario für **Auszubildende**

Ausbildung im Handwerk

Jugendliche Auszubildende haben immer wieder Probleme mit den Anforderungen der Ausbildung in Bezug auf grundlegende Kulturtechniken. Sie sind jedoch ausgesprochen aufgeschlossen gegenüber der Nutzung von Medien. Entwickeln Sie Ideen für ein Lernszenario zur Lösung eines Lernproblems im Rahmen einer ausgewählten handwerklichen Ausbildung.
Präsentieren Sie Ihr Lernszenario in Form einer PowerPoint-Präsentation (max. 2 Folien).

◆ Lernidee / Szenario:

◆ Einsatz der Medien:

◆ Ablauf:

Arbeitsblatt
Gruppenarbeit
8_2

Fachprofil Lernbegleitung

Kapitel III
Medien nutzen

Beitrag 8
Forschungsergebnisse zum multimedialen Lernen

Lernszenario für **Auszubildende**

Praxis in der Ausbildung

Nicht immer ist es möglich, dass ausbildende Firmen und Unternehmen die Praxisteile der Ausbildung in quantitativ und qualitativ ausreichendem Maße abdecken. Entwickeln Sie ein mediengestütztes Lernszenario, das berufliche Ausbildungspraktika ersetzt oder ergänzt.

Präsentieren Sie Ihr Lernszenario in Form einer Radiosendung mit verteilten Rollen (z.B. Nachrichten, Talkrunde, Interview...).

◆ Lernidee / Szenario:

◆ Einsatz der Medien:

◆ Ablauf:

Arbeitsblatt
Gruppenarbeit

8_2

Fachprofil Lernbegleitung

Kapitel III
Medien nutzen

Beitrag 8
Forschungsergebnisse zum multimedialen Lernen

Lernszenario für **Erwachsene**

Krankheit bekämpfen

Schwerkranke Personen sind oft depressiv und wissen zu wenig über ihre Krankheit. Bei der Betreuung von Schwerkranken ist es daher notwendig, eine aktive Haltung zur eigenen Krankheit zu entwickeln und so den Gesundungsprozess zu fördern.

Präsentieren Sie Ihr Lernszenario grafisch in Form eines Plakates.

◆ Lernidee / Szenario:

◆ Einsatz der Medien:

◆ Ablauf:

Arbeitsblatt
Gruppenarbeit
8_2

Fachprofil Lernbegleitung

Kapitel III
Medien nutzen

Beitrag 8
Forschungsergebnisse zum multimedialen Lernen

Lernszenario für **Erwachsene**

Wissensaneignung

Für viele erwachsene Lernende in der beruflichen Weiterbildung besteht das Problem, dass oftmals zu wenig Zeit zur Verfügung steht, um Vor-Ort-Kurse an einem Bildungsinstitut zu besuchen und darum vermehrt kurze „Leerzeiten" im Tagesablauf für ein ortsunabhängiges Lernen genutzt werden müssen.

Präsentieren Sie Ihr Lernszenario in Form einer PowerPoint-Präsentation (max. 2 Folien).

◆ Lernidee / Szenario:

◆ Einsatz der Medien:

◆ Ablauf:

Arbeitsblatt
Gruppenarbeit

11_1

Fachprofil Lernbegleitung

Kapitel III
Medien nutzen

Beitrag 11
Bewertung von Computerspielen für die Praxis

Bewertung von Computerspielen

Beurteilen Sie das Computerspiel und entscheiden Sie über dessen Eignung für ein bestimmtes Lernszenario anhand der drei Aspekte **Unterhaltung**, **Lernen**, **Praxis** und deren jeweiligen Unterteilungen.

Name des Spiels:	
Genre: (bitte ankreuzen)	☐ Action-Adventure ☐ Gesellschaftsspiel ☐ klassisches Adventure ☐ Jump 'n Run ☐ Arcade ☐ Kinder-/Kreativ ☐ Denkspiel ☐ Management ☐ Rollenspiel ☐ Shooter ☐ Simulation ☐ Sportspiel ☐ Strategie ☐ Genremix
Inhalt des Spiels: (kurze Beschreibung)	
Zielgruppe:	

Arbeitsblatt
Gruppenarbeit

11_1

Fachprofil Lernbegleitung

Kapitel III
Medien nutzen

Beitrag 11
Bewertung von Computerspielen für die Praxis

Bewertung von Computerspielen

Unterhaltungsaspekt

Unterhaltungsaspekt						
(bitte ankreuzen)	Niedrig					Hoch
	1	2	3	4	5	6
A) Selbstwirksamkeit des Spiels						
B) Spannung im Spiel						
C) Imagination						
D) Rekreation						

Erläuterungen:

A) Das Erleben von Selbstwirksamkeit beruht auf der Wahrnehmung der Spielende, etwas in der audiovisuellen Darstellung verändern oder bewirken zu können.

B) Die emotionale Dynamik des Spiels entsteht aus der Balance von Lust und Frust. Die Spielenden sollten zu keiner Zeit unter- oder überfordert werden. Die Wahrnehmung von Wettbewerb verstärkt das Spannungserleben.

C) Wie leicht wird es den Spielerinnen und Spielern gemacht, in die Spielwelt „einzutauchen", sich mit seiner Handlungsrolle zu identifizieren?

D) Neben einer Erhöhung des Erregungs- bzw. Aktivierungsniveaus der Spielende, können Computerspiele auch lustvoll-entspannend wirken, z.B. durch kreative, expressive oder spielerische (im Sinne von nicht leistungs- oder zielorientierten) Nutzungsmöglichkeiten.

Arbeitsblatt
Gruppenarbeit
11_1

Fachprofil Lernbegleitung

Kapitel III
Medien nutzen

Beitrag 11
Bewertung von Computerspielen für die Praxis

Bewertung von Computerspielen

Lernaspekt

Lernaspekt						
(bitte ankreuzen) Niedrig						Hoch
	1	2	3	4	5	6
A) Psychomotorik						
B) Selbstkompetenz						
C) Sach- und Methodenkompetenz						
D) Sozial-kommunikative Kompetenz						

Erläuterungen:
A) Welche Anforderungen stellt das Spiel an die Wahrnehmung und die motorischen Fertigkeiten der Spielerinnen und Spieler?
B) Welche Anforderungen stellt das Spiel auf motivational-emotionaler Ebene?
C) Welche kognitiven und metakognitiven Fähigkeiten fordert das Spiel?
D) Welche behaviouralen und kommunikativen Fähigkeiten benötigen die Spielenden?

Arbeitsblatt
Gruppenarbeit
11_1

Fachprofil Lernbegleitung

Kapitel III
Medien nutzen

Beitrag 11
Bewertung von Computerspielen für die Praxis

Bewertung von Computerspielen

Praxisaspekt

Praxisaspekt						
(bitte ankreuzen)	Niedrig					Hoch
	1	2	3	4	5	6
A) Inhaltliche Eignung						
B) Aufwand und Kosten						
C) Ausstattung, Service, Support						

Erläuterungen:

A) z. B. kulturelle und pädagogische Angemessenheit der Spielinhalte; Alterskennzeichnung vorhanden; technisch implementierte Jugendschutz-Vorrichtungen wie z.B. Zeitsperren oder Altersverifikation

B) z. B. kein High-End-PC / kein Internet-Anschluss / keine Next-Gen-Konsole benötigt; Kaufpreis, Abokosten, Leih- oder andere Gebühren, Sonderzubehör; Marktstellung, Rankings etc.

C) z. B. Tutorials, Trainingslevel oder -Missionen etc.; Bedienungsanleitung, Story-Booklet, Spielregeln o.ä.; Hotline, Online (Patches, Bonus-Content etc.)

Weitere Bemerkungen:

Arbeitsblatt
Gruppenarbeit

12_1

Fachprofil Lernbegleitung

Kapitel IV
Lernprozesse dokumentieren

Beitrag 12
Informelles Lernen

Meine Fähigkeiten

Setzen Sie sich zunächst in einer Einzel-Reflexion mit Ihren eigenen Fähigkeiten auseinander. Führen Sie anschließend ein Tandem-Interview über Ihre Fähigkeiten und stellen Sie die Ergebnisse dann im Plenum vor.

Einzel-Reflexion

Entspannen Sie sich und lassen Sie die Gedanken um folgende Fragen kreisen:

- Was habe ich gelernt?
- Was tue ich gerade in meinem Beruf?
- Was kann ich besonders gut?

Überlegen Sie dabei, welche Fähigkeit Sie jeweils erworben haben. Notieren Sie dann die Fähigkeit, die Ihnen am Wichtigsten ist, auf eine Karte.

Tandem-Interview

Führen Sie mit der Person, die neben Ihnen sitzt, wechselseitig ein kurzes Interview:

- Welche Fähigkeit ist Ihnen am wichtigsten?
- Warum?
- In welchem Bereich haben Sie sie erworben: Ausbildung, Beruf oder Alltag?

Plenum

Stellen Sie dann jeweils die andere Person mit Hilfe dieser Angaben dem Plenum vor.

Arbeitsblatt
Gruppenarbeit
13_1

Fachprofil Lernbegleitung

Kapitel IV
Lernprozesse dokumentieren

Beitrag 13
Kompetenz - Ein Schlüsselbegriff in Lernkultur und Bildungspraxis

Kompetenz - Wissen - Qualifikation

Kompetenz, Wissen und Qualifikation sind drei grundlegende Begriffe im Kontext von informellem Lernen, Selbstreflexion und Kompetenzfeststellung.

In der aktuellen Diskussion und Forschung gibt es eine breite Palette an Erklärungen und Interpretationen dieser Begriffe und ihrer Zusammenhänge.

Verdeutlichen Sie sich die Komplexität dieser Begriffe und ermöglichen Sie sich so in der Diskussion eine Konsensfindung zu Arbeitsvarianten der Begriffe.

Begriffsbestimmung (Plakat) *(20 min)*

Erarbeiten Sie in Ihrer Kleingruppe 5 bis 7 Merkmale oder Ausprägungen, die eine Erläuterung des jeweiligen Begriffs ausmachen.

Jede Kleingruppe erstellt ein Plakat und arbeitet hierfür an **einem** der drei Begriffe:

- Wissen
- Kompetenz
- Qualifikation

Jedes Mitglied der Gruppe erhält **1 Karte**, auf die ein Merkmal oder eine Aussage zum jeweiligen Begriff notiert wird. Diese Karte wird auf das Plakat aufgebracht. Diskutieren Sie Ihre Erläuterungen.

Präsentation der Plakate (Fishbowl) *(10 min)*

Eine Vertreterin, ein Vertreter wird mit den zwei anderen „Abgesandten" an der Expertenrunde teilnehmen und dem Forum die Plakate Ihrer Begriffsklärungen vorstellen.

Arbeitsblatt
Gruppenarbeit
14_1

Fachprofil Lernbegleitung

Kapitel IV
Lernprozesse dokumentieren

Beitrag 14
Selbstreflexion und Verfahren der Kompetenzfeststellung

Assessment: Selbstreflexion und Fremdeinschätzung

Teilen Sie Ihre Gruppe in zwei Kleingruppen: eine Gruppe der **Probanden** und eine Gruppe der **Beobachter**.

1) Die Probanden lösen in der Gruppe **eine** der unten beschriebenen Aufgaben (siehe Seiten 2 bis 4 dieses Arbeitsblattes).

2) Die Beobachter beobachten die Probanden bei deren Arbeit und evaluieren den Vorgang. Sie nutzen hierfür die Anleitung auf Seite 5 dieses Arbeitsblattes.

3) Im Anschluss tauschen sich Probanden und Beobachter aus: Selbstreflexion der Probanden und Fremdeinschätzung durch Beobachter.

4) Abschließend beurteilen die Gruppenmitglieder in einer kurzen Diskussionsrunde die Erfahrungen mit Selbsreflexion und Fremdeinschätzungen in diesem Assessment.

Arbeitsblatt
Gruppenarbeit
14_1

Fachprofil Lernbegleitung

Kapitel IV
Lernprozesse dokumentieren

Beitrag 14
Selbstreflexion und Verfahren der Kompetenzfeststellung

Assessment: Aufgabe für Beobachter

Einigen Sie sich in der Gruppe, wen sie beobachten möchten. Beobachten Sie diese Person, um aus ihrem Handeln und Verhalten auf ihre Kompetenzen zu schließen. Das unten stehende Bewertungsraster unterstützt sie bei dieser Fremdeinschätzung.

Verhalten / Situation	Kompetenz	Stimmt absolut	Stimmt teilweise	Stimmt eher nicht	Stimmt gar nicht
Sie/er handelt aus eigenem Antrieb und trifft Entscheidungen.	Initiative				
Sie/er hat immer wieder neue und gute Ideen.	Kreativität				
Sie/er kommt mit allen Gruppenmitgliedern zurecht und arbeitet an gemeinsamen Zielen mit.	Teamfähigkeit				
Sie/er handelt überlegt und konzentriert, auch unter Zeitdruck und Stress.	Belastbarkeit				
Sie/er kann die anderen motivieren und anleiten, für das gemeinsame Ziel Aufgaben zu übernehmen.	Zielorientiertes Führen				

Arbeitsblatt
Gruppenarbeit
14_1

Fachprofil Lernbegleitung

Kapitel IV
Lernprozesse dokumentieren

Beitrag 14
Selbstreflexion und Verfahren der Kompetenzfeststellung

Assessment: Aufgabe A für Probanden

Plakat zur Teilnehmergewinnung

Stellen Sie sich vor, Sie haben als Team die Aufgabe bekommen, die nächsten Teilnehmerinnen und Teilnehmer für die Fortbildung „Fachprofil Lernbegleitung" zu gewinnen.

◆ Gewünscht wird vom Auftraggeber ein aussagekräftiges und vor allem ansprechendes Plakat, das Teilnehmerinnen und Teilnehmer möglichst bundesweit und vor allem aus unterschiedlichsten Institutionen anspricht.

◆ Gestalten Sie dieses Plakat mit den zur Verfügung gestellten Materialien. *(30 Minuten)*

Arbeitsblatt
Gruppenarbeit
14_1

Fachprofil Lernbegleitung

Kapitel IV
Lernprozesse dokumentieren

Beitrag 14
Selbstreflexion und Verfahren der Kompetenzfeststellung

Assessment: Aufgabe B für Probanden

Plakat Information Lernbegleitung

Stellen Sie sich vor, Sie haben als Team die Aufgabe bekommen, externe Personen zum Thema Lernbegleitung zu informieren bzw. dafür zu interessieren. Politik, Wissenschaft und Bildung sollen von der Notwendigkeit und vor allem Sinnhaftigkeit des Einsatzes von Lernbegleiterinnen und Lernbegleitern überzeugt werden.

◆ Gewünscht wird vom Auftraggeber ein aussagekräftiges und vor allem ansprechendes Plakat, das unterschiedlichste Institutionen anspricht und die Vorteile von Lernbegleitung deutlich macht.

◆ Gestalten Sie dieses Plakat mit den zur Verfügung gestellten Materialien. *(30 Minuten)*

Arbeitsblatt
Gruppenarbeit
14_1

Fachprofil Lernbegleitung

Kapitel IV
Lernprozesse dokumentieren

Beitrag 14
Selbstreflexion und Verfahren der Kompetenzfeststellung

Assessment: Selbstreflexion der Probanden

Die Probanden beginnen nun mit der Selbstreflexion und teilen diese der Gruppe mit.
(30 Minuten)

- ◆ Wie ist es mir bei der Lösung der Aufgabe ergangen?

- ◆ Was war mein Anteil an der Lösung?

- ◆ Was habe ich gut gemacht, was weniger gut?

- ◆ Welche Probleme gab es?

- ◆ Wie war das Team?

Arbeitsblatt
Gruppenarbeit
14_1

Fachprofil Lernbegleitung

Kapitel IV
Lernprozesse dokumentieren

Beitrag 14
Selbstreflexion und Verfahren der Kompetenzfeststellung

Assessment: Abschlussdiskussion

Diskutieren Sie in der Gruppe Ihre Erfahrungen mit diesem Assessment und wie Sie die Selbstreflexion und die Fremdeinschätzung erlebt haben.

◆ Was ist Ihnen leichter gefallen, die Selbstreflexion zu Beginn des Seminars oder die Fremdeinschätzung jetzt?

◆ Hat es Sie in Ihrem Verhalten beeinflusst, zu wissen, dass Sie beobachtet werden?

◆ Finden Sie die Fremdeinschätzung Ihrer Person zutreffend?

◆ Halten Sie den Rückschluss von Verhalten und Situation auf die Kompetenz für überzeugend?

Arbeitsblatt
Gruppenarbeit
14_2

Fachprofil Lernbegleitung

Kapitel IV
Lernprozesse dokumentieren

Beitrag 14
Selbstreflexion und Verfahren der Kompetenzfeststellung

Lernen an Stationen

Erarbeiten Sie sich in kleinen Lerngruppen die Funktionsweisen, spezifischen Merkmale und Einsatzmöglichen von vier ausgewählten Instrumenten der Selbstreflexion und Kompetenzfeststellung.

1) Lernen Sie dazu mit Ihrer Gruppe nacheinander an vier Stationen die vorgestellten Instrumente kennen und lösen Sie gemeinsam die dort gestellten Aufgaben.

2) Diskutieren Sie im Anschluss an das Stationenlernen Ihre Erfahrungen mit den einzelnen Instrumenten im Plenum (Expertenrunde).

Station 1: Bildungspass *(Siehe Seite 2 dieses Arbeitsblattes)*

An dieser Station werden Ihnen beispielhaft zwei aktuelle Bildungspässe vorgestellt, die als Instrumente der Selbstreflexion und Dokumentation von informell erworbenen Kenntnissen und Kompetenzen dienen.

Station 2: Lerntagebuch *(Siehe Seite 3 dieses Arbeitsblattes)*

Das Lerntagebuch ist eine weit verbreitete Form des Lernportfolios. Seine Formen und Einsatzgebiete sind breit gefächert. An dieser Station lernen Sie Beispiele und Einsatzszenarios von Lerntagebüchern kennen.

Station 3: Kompetenzraster *(Siehe Seite 4 dieses Arbeitsblattes)*

Die Anordnung von Kompetenzen in einer Matrix erlaubt einen schnellen Überblick sowohl über die zu erwerbenden/gewünschten Fähigkeiten, als auch über die verschiedenen Ausprägungsstufen innerhalb dieser Fähigkeiten. Lernen Sie an dieser Station die Möglichkeiten und Funktion eines Kompetenzrasters kennen.

Station 4: Kompetenzkatalog *(Siehe Seite 5 dieses Arbeitsblattes)*

Der Kompetenzkatalog „Medien" unterstützt besonders Selbstreflexionsprozesse im Bereich Medienkompetenz. An dieser Station können Sie die Möglichkeiten dieses Online-Instruments kennenlernen und ausprobieren.

Arbeitsblatt
Gruppenarbeit
14_2

Fachprofil Lernbegleitung

Kapitel IV
Lernprozesse dokumentieren

Beitrag 14
Selbstreflexion und Verfahren der Kompetenzfeststellung

Station 1: Bildungspass

An dieser Station lernen Sie den **ProfilPASS Erwachsene**, den **ProfilPASS Jugend** sowie den **Berliner Berufswahlpass** kennen.

Machen Sie sich mit der Struktur der Pässe vertraut und entwickeln Sie durch gemeinsame Beratung in der Gruppe ein Verständnis für die Bestandteile der Pässe sowie für ihre jeweiligen Einsatzmöglichkeiten. *(30 Minuten)*

1) Bewerten Sie einen der oben genannten Pässe nach den folgenden vier Kriterien.

2) Geben Sie zum Schluss eine knappe Bewertung (+ /-) ab.

Erster Eindruck
Was fällt Ihnen auf? Was ist ungewöhnlich, problematisch?

Themen
Welche inhaltlichen Schwerpunkte erfasst das Instrument?

Verfahren
Welche Verfahren werden genutzt?

Berufsalltag
Für wen und wie in meinem Berufsalltag nützlich?

Arbeitsblatt
Gruppenarbeit

14_2

Fachprofil Lernbegleitung

Kapitel IV
Lernprozesse dokumentieren

Beitrag 14
Selbstreflexion und Verfahren der Kompetenzfeststellung

Station 2: Lerntagebuch

An dieser Station lernen Sie verschiedene Beispiele und Einsatzmöglichkeiten von Lerntagebüchern als einer besonderen Form von Lernportfolios kennen. *(30 Minuten)*

1) Machen Sie sich mit der Struktur der Lerntagebücher vertraut und diskutieren Sie in Ihre Lerngruppe die Besonderheiten von Lerntagebüchern als Methode der Selbstreflexion.

2) Erarbeiten Sie gemeinsam eine Idee für ein Beispiel-Lerntagebuch für eine Zielgruppe Ihrer Wahl und skizzieren Sie die Struktur und den Einsatz des Lerntagebuchs.

3) Übertragen Sie die Struktur des Lerntagbuchs für eine spätere Präsentation auf eine Seite des Flipcharts.

Arbeitsblatt
Gruppenarbeit

14_2

Fachprofil Lernbegleitung

Kapitel IV
Lernprozesse dokumentieren

Beitrag 14
Selbstreflexion und Verfahren der Kompetenzfeststellung

Station 3: Kompetenzraster

Lernen Sie an dieser Station Funktion, Aufbau und Einsatzmöglichkeiten von Kompetenzrastern kennen. Diskutieren Sie in Ihrer Lerngruppe die Besonderheiten dieses Instruments im Kontext von Selbstreflexion und Kompetenzfeststellung.
Nutzen Sie die an dieser Station ausliegenden Beispiele für Kompetenzraster.

◆ Erstellen Sie gemeinsam ein Kompetenzraster für das Profil eines Lernbegleiters. Verwenden Sie hierfür die folgende Raster-Tabelle. *(30 Minuten)*

Kompetenz	Stufe 1	Stufe 2	Stufe 3	Stufe 4

Arbeitsblatt
Gruppenarbeit
14_2

Fachprofil Lernbegleitung

Kapitel IV
Lernprozesse dokumentieren

Beitrag 14
Selbstreflexion und Verfahren der Kompetenzfeststellung

Station 4: Kompetenzkatalog

An dieser Station lernen Sie den Kompetenzkatalog kennen.

Machen Sie sich mit der Struktur des Katalogs vertraut und entwickeln Sie durch gemeinsame Beratung in der Gruppe ein Verständnis für die Besonderheiten des Kompetenzkatalogs sowie für seine Einsatzmöglichkeiten. *(30 Minuten)*

1) Bewerten Sie den Kompetenzkatalog/Medienkompetenz Ihrer Wahl nach folgenden vier Kriterien.

2) Geben Sie zum Schluss eine knappe Bewertung (+ /-) ab.

Erster Eindruck
Was fällt Ihnen auf? Was ist ungewöhnlich, problematisch?

Themen
Welche inhaltlichen Schwerpunkte erfasst das Instrument?

| + / - | + / - |
| + / - | + / - |

Verfahren
Welche Verfahren werden genutzt?

Berufsalltag
Für wen und wie in meinem Berufsalltag nützlich?

Arbeitsblatt
Selbstlernen
15_1

Fachprofil Lernbegleitung

Kapitel V
Lernende beraten

Beitrag 15
Theoretische Grundlagen der Lern- und Bildungsberatung

Bildungswege - Bildungsumwege

Bitte bearbeiten Sie unter Berücksichtigung der schematischen Darstellung des deutschen Bildungssystems (siehe Seite 2) folgende Fragen/eine der folgenden Fragen:

1) Welche „Normalverläufe" gibt es durch das Bildungssystem?

2) Wo sind wichtige Übergänge zwischen den verschiedenen Teilbereichen und aus dem Bildungssystem heraus?

3) Welche „Umwege" kennen Sie, um außerhalb des Normalverlaufs Abschlüsse zu erreichen?

4) Wo und wie können Sie Informationen finden, die Sie für genauere Antworten auf die vorstehenden Fragen benötigen?

Arbeitsblatt
Selbstlernen

15_1

Fachprofil Lernbegleitung

Kapitel V
Lernende beraten

Beitrag 15
Theoretische Grundlagen der Lern- und Bildungsberatung

Bildungswege - Bildungsumwege

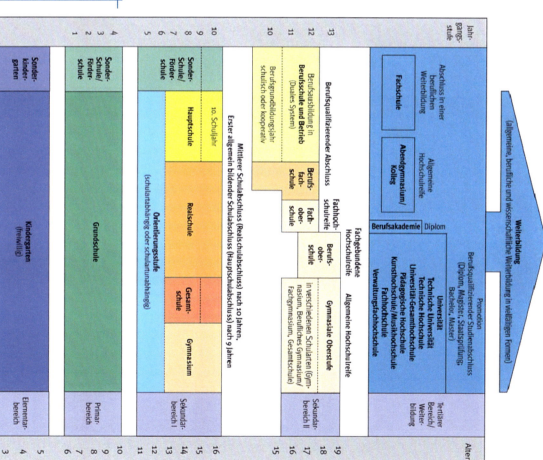

Sekretariat der Ständigen Konferenz der Kultusminister der Länder in der Bundesrepublik Deutschland, Dokumentations- und Bildungsinformationsdienst, Bonn, Stand: 2005

Arbeitsblatt
Gruppenarbeit
15_2

Fachprofil Lernbegleitung

Kapitel V
Lernende beraten

Beitrag 15
Theoretische Grundlagen der Lern- und Bildungsberatung

Beratungsqualität

Im Folgenden sind zwei Begründungen für Testurteile der Stiftung Warentest aufgeführt, die Weiterbildungsberatung unter die Lupe genommen hat („Ratlose Berater", In: Test 6 2002, S. 15-19). Ein Angebot wurde mit mangelhaft (5,5), das andere mit gut (2,5) bewertet.

1) Welche Kriterien wurden offenbar zugrunde gelegt?

2) Welche weiteren Kriterien sind für die Beurteilung der Qualität von Bildungsberatung wichtig?

◆ „Gespräche erst auf dringende Bitten, da offensichtlich nur Infoveranstaltung vorgesehen. Nur zwei Gespräche kamen zustande, dabei Voraussetzungen, Erwartungen nicht geprüft. Lehrinhalte und Tätigkeitsprofil kaum, Facility Management erst auf Nachfrage erläutert. Keine Fachkompetenz."

◆ „Viele Informationen erst auf Nachfrage, dann klare Antworten. Erwartungen, Voraussetzungen gut geprüft. Einmal Probebesuch im Kurs angeboten. Anfangs informiert, dass Facility Management in Immobilienmanagement aufgegangen ist. Trotzdem Facility Management noch im Internet."

Arbeitsblatt
Selbstlernen

15_3

Fachprofil Lernbegleitung

Kapitel V
Lernende beraten

Beitrag 15
Theoretische Grundlagen der Lern- und Bildungsberatung

Beratung und Entscheidung

Denken Sie bitte an Ihren bisherigen Bildungsverlauf. Vergleichen Sie ein oder zwei Entscheidungssituationen während dieser Zeit mit unten stehendem Modell. Ergänzen/modifizieren Sie das Modell und überlegen Sie, wo Sie bei Ihren Entscheidungen ganz anders vorgegangen sind, als es vom Modell her zu erwarten wäre.

Beim Beraten geht es, wie wir im Lehrbuch erfahren haben, nicht nur ums Informieren, sondern auch um die Vorbereitung von Entscheidungen. Bei komplexen Entscheidungen lassen sich mehrere Schritte unterscheiden:

1. Entscheidungsbedarf wird festgestellt.
2. Die Entscheidungsbedingungen werden analysiert.
3. Entscheidungsalternativen werden ermittelt.
4. Mögliche Konsequenzen der Alternativen werden beurteilt.
5. Entscheidung wird getroffen und in die Tat umgesetzt.
6. Die Folgen von Entscheidung und Handeln werden beobachtet, ggf. wird erneuter bzw. weiterer Entscheidungsbedarf festgestellt, so dass der Ablauf von Neuem beginnt.

Arbeitsblatt
Gruppenarbeit
15_3

Fachprofil Lernbegleitung

Kapitel V
Lernende beraten

Beitrag 15
Theoretische Grundlagen der Lern- und Bildungsberatung

Beratung und Entscheidung

Diskutieren Sie in der Gruppe folgende Fragen.

Sehr anregend zum Thema: „Entscheidungen aus dem Bauch"
der Neurowissenschaftler Manfred Spitzer unter
http://www.br-online.de/cgi-bin/ravi?verzeichnis=alpha/geistundgehirn/v/&file=spitzer_82.rm&g2=1

◆ Welche Unterschiede und welche Übereinstimmungen gibt es bei den in der Einzelarbeit erzielten Ergebnissen?

◆ Welche Aufgaben kann Bildungsberatung in den verschiedenen Phasen von Entscheidungen übernehmen?

◆ Das Modell setzt einen sehr überlegt / rational vorgehenden Menschen voraus. Welche emotionalen Beweggründe oder „unvernünftigen" Einflüsse können Entscheidungen beeinflussen?

Kritische Lebensereignisse

Lesen Sie den Text über kritische Lebensereignisse und bearbeiten Sie die Fragen zum Text in Partnerarbeit bzw. Kleingruppen.

Fragen zum Text:

- Bitte sammeln Sie Beispiele für kritische Lebensereignisse und ordnen Sie sie den normativen bzw. den nicht-normativen Ereignissen zu. Gibt es Ereignisse, bei denen diese Zuordnung nicht leicht fällt oder strittig ist?

- Welche Herausforderungen ergeben sich aus diesen Ereignissen? Lassen sich förderliche von eher problematischen Formen des Umgangs mit diesen Ereignissen unterscheiden?

- Diskutieren Sie: Welche Bedeutung können diese Ereignisse sowie der Umgang mit ihnen für Bildungsentscheidungen und für Bildungsberatung haben?

Kritische Lebensereignisse

Seit Mitte der 1970er Jahre wird in der Forschung näher untersucht, wie Erwachsene mit Einschnitten und Veränderungen in ihrem Lebenslauf umgehen. „Sehr große Beachtung fand dabei ein Forschungsfeld, das sich ursprünglich in der klinischen Psychologie und Sozialepidemiologie entwickelt hat: die Lebensereignisforschung ('Life Event'- Forschung). Die klinisch-psychologische Fragestellung, ob und in welcher Weise belastende Lebensereignisse zur Entstehung von psychischen Störungen (wie Depression, Angstneurose, Schizophrenie) beitragen, regte zur Überlegung an, ob die mit Ereignissen verknüpften persönlichen Krisen bei einer erfolgreichen Bewältigung nicht auch die Persönlichkeitsentwicklung fördern können"[1] (Faltermaier u.a., 1992, S. 66).

Die Vorstellung, dass Krisen auch Chancen sind, war zwar auch in früheren Zeiten schon verbreitet, eine systematische Erforschung setzte aber erst in den letzten Jahrzehnten ein. Man versuchte, einschneidende Lebensereignisse zu systematisieren und die Bewältigung dieser Ereignisse zu erhellen. Als wesentliche Unterscheidung hat sich dabei die zwischen normativen und nicht-normativen Lebensereignissen eingebürgert.

Normativ sind Lebensereignisse dann, wenn sie mit hoher Wahrscheinlichkeit in bestimmten Altersphasen bestimmter Gruppen auftreten. Im Phasen-Modell des Erwachsenenalters, das im Lehrbuch (Beitrag 16) vorgestellt wird sind einige normative, also in einer bestimmten Altersstufe erwartbare, Lebensereignisse genannt worden. Der Beginn des Berufslebens, Heirat, die Geburt des ersten Kindes, der Auszug von erwachsenen Kindern, der Übertritt in die Rente sind Ereignisse, die (mit einer gewissen Schwankungs-

---

[1] Faltermaier, T., et. al.: Entwicklungspsychologie des Erwachsenenalters, S. 66, Stuttgart 1992

Kritische Lebensereignisse

breite) in einem bestimmten Alter typisch und erwartbar, also normativ sind. Die relative Vorhersehbarkeit bedeutet nicht, dass diese Ereignisse unbedingt problemlos verarbeitet werden können. Die Geburt des ersten Kindes, das empty nest nach Auszug der Kinder, das Ende der Berufstätigkeit sind Einschnitte, die dem Einzelnen erhebliche Verände-run-gen abverlangen. Dennoch sind es Stationen, die gewissermaßen im Lebensfahrplan ent-halten sind und auf die man sich einstellen kann, etwa indem man ältere Verwandte, Freunde oder Bekannte, die gewissermaßen einen früheren Zug bestiegen haben, dabei beobachtet, wie sie diese Stationen absolvieren.

Nicht-normativ sind demgegenüber diejenigen Lebensereignisse, deren Auftreten nicht an eine bestimmte Altersstufe gebunden ist, und die daher nicht vorhersehbar sind. Todesfälle, Scheidungen, Erkrankungen oder unerwartete berufliche Veränderungen sind Ereignisse, die nicht in gleicher Weise erwartbar sind, wie dies bei normativen Ereignissen der Fall ist. Die Verarbeitung und Bewältigung von Lebensereignissen, um die es hier ja geht, fällt in diesen Fällen im Durchschnitt schwerer, weil man unvorbereitet auf sie trifft und sich nicht in ähnlich zwangloser Weise an Älteren orientieren kann, wie dies bei normativen Ereignissen möglich ist.

Arbeitsblatt
Selbstlernen

16_2

Fachprofil Lernbegleitung

Kapitel V
Lernende beraten

Beitrag 16
Individuelle, klientenbezogene Lern- und Bildungsberatung

Individuelle Besonderheiten

Lesen Sie den Text über Persönlichkeitsprofile und bearbeiten Sie die Fragen zum Text in Einzel- bzw. Partnerarbeit.

Zunächst Einzelarbeit:

- Versuchen Sie Ihr persönliches Einordnungssystem, ihre „implizite Persönlichkeitstheorie", zu beschreiben. Welche Persönlichkeitstypen unterscheiden Sie? Wie gewinnen Sie die für die Zuordnung nötigen Informationen (Aussehen, Kleidung, Auftreten, Sprache …)?

Persönlichkeitsprofile

Wenn wir anderen Menschen in der Beratung wie auch sonst im Leben begegnen, greifen wir oft auf das zurück, was man „implizite Persönlichkeitstheorien" nennt, gewissermaßen ein Schubladensystem, das uns eine erste schnelle Zuordnung und damit die Antwort auf die Frage erlaubt: Was ist dieser Mensch für eine Persönlichkeit?

Schon in der Antike gab es so genannte Temperamente-Lehren, die Menschen in leicht aufbrausende Choleriker, schwermütige Melancholiker, heitere Sanguiniker oder träge Phlegmatiker unterteilten.

Ein heute etablierter und weit verbreiteter Ansatz grundlegende Persönlichkeitsmerkmale zu erfassen sind die so genannten Big Five. Dabei wird davon ausgegangen, dass es fünf Hauptdimensionen von Persönlichkeit gibt. Mit Hilfe eines Fragenkatalogs kann an diesen Dimensionen entlang ein Persönlichkeitsprofil erstellt werden. Die Dimensionen sind:

1. Emotionale Stabilität (Neurotizismus): Hohe Punktzahlen in diesem Bereich deuten auf geringe, niedrige Punktzahlen auf eine hohe emotionale Belastbarkeit hin.

2. Introversion bzw. Extroversion: Menschen mit hoher Punktzahl vermeiden eher gesellige Situationen, sind zurückhaltend und beziehen ihre Energie in hohem Maße aus sich selbst, während Extrovertierte stärker vom sozialen Umfeld abhängen, geselliger und kraftvoller im Auftreten sind.

3. Offenheit für Erfahrungen: Hohe Werte deuten hier auf eine rege Phantasie und große Beweglichkeit hin, während niedrige Punktzahlen eher auf ein Festhalten am Bewährten schließen lassen.

Arbeitsblatt
Gruppenarbeit
16_2

Fachprofil Lernbegleitung

Kapitel V
Lernende beraten

Beitrag 16
Individuelle, klientenbezogene Lern- und Bildungsberatung

Individuelle Besonderheiten

Partnerarbeit:

- Bitte vergleichen Sie Ihre Ergebnisse der Einzelarbeit miteinander.
- Vergleichen Sie Ihr persönliches System mit dem Big-Five-Modell!

Welche Bedeutung besitzen die Dimensionen im Hinblick auf Bildungsentscheidungen und Bildungsberatung?

4. Verträglichkeit: Menschen mit hoher Punktzahl sind stark an der Unterstützung anderer Menschen interessiert, versuchen Konflikte zu vermeiden, was bis zur Harmoniesucht gehen kann, während eine geringe Punktzahl auf eine Orientierung an Durchsetzung eigener Interessen und Vorstellungen und Konfliktfreude schließen lassen.

5. Gewissenhaftigkeit: Hohe Punktzahl ist gleichbedeutend mit großer Gewissenhaftigkeit, Sorgfalt und Disziplin, Eigenschaften, die bei niedriger Punktzahl schwach entwickelt sind bzw. fehlen.

Literatur: Saum-Aldehoff, T.: Big Five - Sich selbst und andere erkennen. Düsseldorf 2007.

Zur Vertiefung: Einen kleinen Test, mit dem Sie Ihr persönliches Big-Five-Profil herausfinden können, finden Sie unter http://de.outofservice.com/bigfive/?srclang=en

Arbeitsblatt
Gruppenarbeit

16_3

Fachprofil Lernbegleitung

Kapitel V
Lernende beraten

Beitrag 16
Individuelle, klientenbezogene Lern- und Bildungsberatung

Methodenkonzepte

Spielen Sie die Fallbeispiele mit verteilten Rollen (Klientin/Klient und Beraterin/Berater) durch und variieren Sie dabei die Vorgehensweise:

- non-direktiv, klientenzentriert
- direktiv, strukturierend, beraterzentriert
- Informationen und Entscheidungswege strukturierend, gemischt non-direktiv/direktiv.

Diskutieren Sie anschließend Vorteile, Nachteile und Konsequenzen der Vorgehensweisen und überlegen Sie, wann sie jeweils sinnvoll bzw. weniger sinnvoll sein können.

Fallbeispiel A

Herr Mustermann, 37 Jahre alt (höchster Schulabschluss: Mittlere Reife), hat nach seiner Ausbildung zum Elektriker eine Stelle in der Haustechnik eines größeren Pharma-Unternehmens übernommen und ist dort seit 15 Jahren tätig. Durch Umstrukturierungsmaßnahmen ist sein Arbeitsplatz bedroht. Er möchte seine Chancen auf dem Arbeitsmarkt erhöhen und möchte sich weiterbilden.

Fallbeispiel B

Frau Mustermann, 17 Jahre, besucht die 10. Klasse eines allgemeinbildenden Gymnasiums. Von der Schule hat sie, wie sie sagt „erstmal die Nase voll". Sie möchte zwar später mal studieren, wobei ihr die Richtung noch völlig unklar ist. In der Schule hat sie vor allen Dingen mit den Fremdsprachen Probleme. Der Gedanke, einen mehrjährigen Auslandsaufenthalt - ihr Vater lebt in Brasilien - anzugehen, lässt sie nicht los. Sie überlegt, ob sie in Brasilien eine handwerkliche Ausbildung machen und in 3 Jahren ihre schulische Laufbahn in Deutschland wieder aufnehmen soll. Sie könnte es sich dann vorstellen, das Abitur zu machen.

Arbeitsblatt
Selbstlernen

17_1

Fachprofil Lernbegleitung

Kapitel V
Lernende beraten

Beitrag 17
Unterstützung von Lernprozessen

Lernstil

Häufig werden Lernende je nach bevorzugter Lernweise folgenden Lerntypen zugeordnet:

- auditiv
- haptisch-motorisch
- kommunikativ
- visuell

A. Einzelarbeit

Ordnen Sie die folgenden Beschreibungen von Lernvorlieben dem jeweiligen Typ zu.

Lernvorliebe	Lerntyp
Ich behalte Bilder, Skizzen, Tabellen gut.	
Ich behalte Infos in Gesprächen gut.	
Ich bewege mich oder laufe beim Lernen.	
Ich erinnere Melodien gut.	
Ich experimentiere gerne.	
Ich höre gerne Hörbücher etc.	
Ich kann Baupläne gut lesen und umsetzen.	
Ich kann Referate / Präsentationen gut wiedergeben.	
Ich kaue Kaugummi oder esse beim Lernen.	
Ich lerne gerne mit anderen, in einer Lerngruppe.	

Arbeitsblatt
Selbstlernen

17_1

Fachprofil Lernbegleitung

Kapitel V
Lernende beraten

Beitrag 17
Unterstützung von Lernprozessen

Lernstil

Lernvorliebe	Lerntyp
Ich lerne z. B. Vokabeln am Besten laut.	
Ich lese gerne und kann Gelesenes gut wiedergeben.	
Ich mache mir viele Notizen beim Lernen.	
Ich rede gerne und viel.	
Ich stelle Fragen zum Stoff.	
Ich träume farbig und detailreich.	

B. Kleingruppen-/Partnerarbeit

1. Vergleichen Sie Ihre Ergebnisse.
2. Überprüfen Sie am Beispiel verschiedener Lernstoffe (z.B. Fremdsprachenlernen, Umgang mit neuer Textverarbeitung, Bedienung eines komplizierten technischen Geräts etc.), wo solche Lerntypen-Modelle an Grenzen stoßen.

Arbeitsblatt
Gruppenarbeit
17_2

Fachprofil Lernbegleitung

Kapitel V
Lernende beraten

Beitrag 17
Unterstützung von Lernprozessen

Lernberatung und Gedächtnisprobleme

Lernprobleme sind häufig Gedächtnisprobleme. Es gibt eine Fülle von Ratgebern und Handreichungen, Tipps und Kniffen, wie man Gedächtnisleistungen verbessern kann. Es gibt sieben sogenannte mnemotechnische Mentalfaktoren.

- Sammeln Sie Anwendungsbeispiele für die einzelnen Ratschläge und diskutieren Sie Ergänzungen und Änderungen.

1) Fantasie:
   Das unwillkürliche Vorstellen von Dingen. Ein eher kreativer und ausschweifender Akt.

2) Visualisierung:
   Das bewusste Vorstellen eines bestimmten Prozesses.

3) Logik:
   Das Erkennen von Systemen, Sinn in einem bestimmten Komplex erkennen.

4) Emotion:
   Der wohl wichtigste Gedächtnisfaktor, dem man auch nichts weiter hinzuzufügen braucht.

5) Transformation:
   Das „Übersetzen" von abstrakten Informationen in Bilder.

6) Lokalisation:
   Die Verbindung von Lernstoff mit bestimmten vorgestellten Örtlichkeiten.

7) Assoziation:
   Das freie Assoziieren. Die Fähigkeit, Dinge miteinander zu verknüpfen.

Quelle: Karsten, G.: Erfolgsgedächtnis: Wie Sie sich Zahlen, Namen, Fakten, Vokabeln einfach besser merken. Goldmann, München 2004

Arbeitsblatt
Gruppenarbeit

17_3

Fachprofil Lernbegleitung

Kapitel V
Lernende beraten

Beitrag 17
Unterstützung von Lernprozessen

Lernprozess

Veranschaulichen Sie den Lernprozess in seinem Ablauf - von der Vorbereitung über den ersten Kontakt mit dem Lerngegenstand, dessen Bearbeitung, das Abspeichern im Gedächtnis etc. bis hin zum Abrufen des Gelernten - mithilfe einer „Lernleine".

- Spannen Sie die „Lernleine" auf. Markieren Sie die einzelnen Schritte eines Lernprozesses mit entsprechend beschrifteten Kärtchen.

- Diskutieren Sie nun, welche Voraussetzungen an den einzelnen Stationen jeweils gegeben sein müssen bzw. welche Probleme auftauchen können und welche Abhilfe geschaffen werden kann. Bringen Sie entsprechend beschriftete Kärtchen an.

- Bereiten Sie eine „Führung" an Ihrer Lernleine entlang vor.

Praxisaufgaben
Selbstlernen

Fachprofil Lernbegleitung

Kapitel I
Lernen verstehen

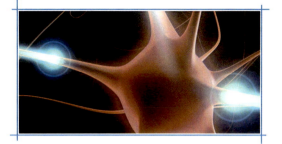

Modul 1: Lernen verstehen

Die Aufgaben diese Praxisphase orientieren sich an Fragestellungen der Lern- und Gehirnforschung, fordern zur Gestaltung eigener Lernarrangements auf bzw. beleuchten die Vielfalt (Diversity) in Lernprozessen. Nutzen Sie die Praxisphase zwischen den Seminaren für Festigung bzw. Vertiefung des neu Gelernten.

Wählen Sie eine der drei Aufgaben aus und realisieren Sie diese im Rahmen der Praxisphase. Bitte dokumentieren Sie die Umsetzung der Praxisaufgabe mit den **Vorlagen pd4** und stellen Sie Ihre Dokumentation auf die Lernplattform.

Praxisaufgabe 1: Bereich: „Lernbegleitung heute"

Setzen Sie sich mit den modernen Anforderungen an Lernbegleitung auseinander. Beschreiben Sie ein Lern- oder Bildungsszenario aus Ihrer Praxis unter dem Aspekt der notwendigen Kompetenzen eines Lernbegleiters, einer Lernbegleiterin.

Dokumentieren und reflektieren Sie die gewonnenen Erkenntnisse.

Material: Fachbuch Lernbegleitung: Kapitel I, Beitrag 1

Praxisaufgabe 2: Bereich: „Lern- und Gehirnforschung"

Betrachten Sie zwei Beispiele der Gehirnforschung und ihrer Folgen für die Lernbegleitung und gestalten Sie danach Lernarrangements für ihren beruflichen Kontext und überprüfen Sie empirisch deren Geltungssicherheit:

- Herrmann-Dominanz-Modell *Material:* Fachbuch Lernbegleitung, Kapitel I, Beitrag 2
- Schirp, Heinz: Neurophysiologische Ergebnisse und ihre Bedeutung für die Gestaltung von Lehr- und Lernprozessen in 10 Kernaussagen zu neurobiologischen Befunden
  Material: http://www.edyounet.de/biologie/downloads/gehirn/doc/lernengehirn.pdf

Dokumentieren und reflektieren Sie die gewonnenen Erkenntnisse.

Praxisaufgabe 3: Bereich: „Diversity in Lernprozessen"

Führen Sie mit 5 Personen aus verschiedenen Generationen und/oder Kulturen 10 - 15minütige leitfadengestützte (Telefon-) Interviews über den Begriff „Lernen". Dokumentieren und reflektieren Sie ihre Beobachtungen.

Praxisaufgaben
Selbstlernen

Fachprofil Lernbegleitung

Kapitel II
Selbstlernprozesse unterstützen

Modul 2: Selbstlernprozesse unterstützen

In dieser Praxisphase werden vor allem Methoden praktisch erprobt, die das selbstbestimmte Lernen unterschiedlicher Zielgruppen fördern.

Wählen Sie eine der drei Aufgaben aus und realisieren Sie diese im Rahmen der Praxisphase. Bitte dokumentieren Sie die Umsetzung der Praxisaufgabe mit den **Vorlagen pd4** und stellen Sie Ihre Dokumentation auf die Lernplattform.

Praxisaufgabe 1: Bereich: „Lerntypentest"

Führen Sie den vorliegenden oder einen anderen Lerntypentest mit einer der folgenden Lerngruppen durch. Begründen Sie Ihre Auswahl.

- Lerngruppe A: Kinder
- Lerngruppe B: Migranten
- Lerngruppe C: Senioren.

Dokumentieren und reflektieren Sie die gewonnenen Erkenntnisse.

Praxisaufgabe 2: Bereich: „Lerntechniken"

Führen Sie eine Trainingsspirale mindestens einmal in Ihrem beruflichen Kontext durch. Überprüfen Sie deren Erfolg und passen Sie sie gegebenenfalls an.

Dokumentieren und reflektieren Sie Ihre Beobachtungen.

Praxisaufgabe 3: Bereich: „Arrangements für Lernferne"

Entwerfen Sie ein Lernarrangement für Lernferne unter dem Einsatz von verschiedenen Lehrmethoden und Sozialformen.

Dokumentieren und begründen Sie Ihr Konzept.

Praxisaufgaben
Selbstlernen

Fachprofil Lernbegleitung

Kapitel III
Medien nutzen

Modul 3: Medien nutzen

In dieser Praxisphase erproben Sie die Entwicklung von Konzepten medial gestützer Lernszenarien für verschiedene Zielgruppen oder bewerten Computerspiele für ihren Einsatz in Bildungsprozessen.

Wählen Sie eine der zwei Aufgaben aus und realisieren Sie diese im Rahmen der Praxisphase. Bitte dokumentieren Sie die Umsetzung der Praxisaufgabe mit den **Vorlagen pd4** und stellen Sie Ihre Dokumentation auf die Lernplattform.

Praxisaufgabe 1: Multimedial gestütztes Lernangebot

Erarbeiten Sie ein Konzept für ein multimedial gestütztes Lernangebot für eine Zielgruppe entsprechend Ihres Tätigkeitsbereiches.

Beschreiben und begründen Sie die Auswahl, Einsatz und Funktion der jeweiligen Medien in Ihrem Lernangebot oder Ihrem Lernszenario. Skizzieren Sie gegebenenfalls den Verlauf der Umsetzung dieses Konzepts in Ihrer Praxis.

Praxisaufgabe 2: Bewertung Computerspiel

Prüfen und bewerten Sie die Eignung eines Computerspiels Ihrer Wahl mithilfe des Arbeitsblattes 11_1 oder dem „Interaktiven Bewertungsbogen" für den Einsatz in Lernsituationen.

Beschreiben und kommentieren Sie Ihre Prüfergebnisse und gehen Sie dabei auf Einsatzmöglichkeiten des ausgewählten Spiels für bestimmte Lernszenarien Ihrer Zielgruppe ein.

Material
Fachbuch Lernbegleitung, Kapitel III, Beitrag 10, Beitrag 11
Fachbuch Lernbegleitung, Arbeitsblatt 11_1
Lernplattform Fachprofil Lernbegleitung: Interaktiver Bewertungsbogen Computerspiele (Excel-Datei)
Zavatar.de: Datenbank für Computerspiele

Praxisaufgaben
Selbstlernen

Fachprofil Lernbegleitung

Kapitel IV
Lernprozesse dokumentieren

Modul 4: Lernprozesse dokumentieren

In dieser Praxisphase werden unterschiedliche Instrumente der Reflexion und Dokumentation informellen Lernens zur Anwendung gebracht.

Wählen Sie eine der drei Aufgaben aus und realisieren Sie diese im Rahmen der Praxisphase. Bitte dokumentieren Sie die Umsetzung der Praxisaufgabe mit den **Vorlagen pd4** und stellen Sie Ihre Dokumentation auf die Lernplattform.

Praxisaufgabe 1: Informelles Lernen

Entwickeln Sie ein Konzept oder eine Projektidee, um mit einer Zielgruppe Ihrer Wahl persönliche Ergebnisse informellen Lernens zu reflektieren bzw. zu thematisieren. Beschreiben Sie Ihre Vorgehensweise, evtl. Problemlagen, Lösungsansätze bzw. bereits bestehende praktische Erfahrungen aus Ihrem beruflichen Alltag.

Praxisaufgabe 2: Selbstreflexion Kompetenzen

Erproben Sie das Kompetenzspiel in einer Lerngruppe aus Ihrem beruflichen Umfeld, z. B. als „Erwärmung" an einen Lern- oder Fortbildungstag. Thematisieren und diskutieren Sie dabei sowohl den Kompetenzbegriff als auch die Kompetenzen selbst.

Dokumentieren Sie den Ablauf des Spiels, Diskussionsschwerpunkte und Erfahrungen der Lernenden mit dem Thema Kompetenzen.

Material: Fachbuch Lernbegleitung, Methodenblatt 22 Kompetenzspiel, Kopiervorlage Kompetenzspiel

Praxisaufgabe 3: Einsatz Portfolio

Erproben Sie mit einer Lerngruppe aus Ihrem beruflichen Umfeld ein Instrument Ihrer Wahl zur Dokumentation informellen Lernens (z. B. Lerntagebuch, ProfilPASS / ProfilPASS Jugend / Berufswahlpass).

Begründen Sie die Wahl Ihres Instruments und dokumentieren Sie Ihre Arbeitsschritte, Problemlagen und Erfahrungen der Lernenden.

Praxisaufgaben
Selbstlernen

Fachprofil Lernbegleitung

Kapitel V
Lernende beraten

Modul 5: Lernende beraten

Nutzen Sie diese Praxisphase, um in Ihrem Arbeitsfeld grundlegende Themen der Lernberatung, wie die Analyse individueller Bildungswege, Beratungstechniken und Lernformen zu erproben.

Wählen Sie eine der drei Aufgaben aus und realisieren Sie diese im Rahmen der Praxisphase. Bitte dokumentieren Sie die Umsetzung der Praxisaufgabe mit den **Vorlagen pd4** und stellen Sie Ihre Dokumentation auf die Lernplattform.

Praxisaufgabe 1: Bereich Bildungswege

Entwickeln Sie einen Interviewleitfaden zum Thema „Bildungswege und -übergänge" und führen Sie mit drei Personen unterschiedlicher Altersstufen Leitfaden-Interviews durch. Gehen Sie dabei insbesondere auf die an den jeweiligen Übergängen aus der Sicht der Interviewten bestehenden Entscheidungsoptionen ein und fragen Sie nach jeweils relevanten Entscheidungshilfen sowie der späteren Bewertung der getroffenen Entscheidungen.

Praxisaufgabe 2: Bereich direktive und non-direktive Beratungstechnik

Beobachten Sie (eigene und fremde) Beratungssituationen in Ihrem beruflichen Umfeld. Beschreiben Sie diese (Zielgruppe, Beratungsgegenstand etc.) und gehen Sie dabei auf folgende Fragestellungen ein:

Wann wird auf eher direktive, wann auf eher non-direktive Vorgehensweisen zurückgegriffen? Fertigen Sie „Beipackzettel" zu beiden Vorgehensweisen an, auf denen Sie Zutaten, Indikationen („Wann einzusetzen?"), Kontraindikationen („Wann auf keinen Fall einzusetzen?") sowie Risiken und Nebenwirkungen festhalten.

Praxisaufgabe 3: Bereich Lerngegenstände und Lernformen

Wählen Sie drei in Ihrem Praxisbereich relevante Lerngegenstände aus (z. B. Fremdsprachenlernen, Anwendung neuer Software lernen, Lernen für gesunder Lebensführung etc.) und tragen Sie jeweils typische Lernformen zusammen. Welche Ähnlichkeiten, welche Unterschiede gibt es?

Fachprofil Lernbegleitung

Methodenkatalog

Methode
Gruppenarbeit

Methode 1
Kugellager Doppelkreis

Teilnehmerzahl
10 bis 40 Teilnehmer

Material/Medien
Textkopien für stille Einzelarbeit;
ohne Material auch als Gesprächsarrangement möglich.

Räumliche Voraussetzungen
Raum entsprechend der Teilnehmerzahl;
Stühle (nicht zwingend, kann auch im Stehen und im Freien durchgeführt werden).

Vorbereitung
gering; evtl. Textbeschaffung einplanen

30 min.

Kugellager – Doppelkreis

Ziele

Die Methode Kugellager unterstützt den Festigungsprozess des in stiller Einzelarbeit erworbenen Wissens und fördert zugleich die Kommunikationsfähigkeit (Erklären – Zuhören – Wiedergeben) der Lernenden. Alle Mitglieder der Lerngruppe sind aktiv.

Sitzordnung

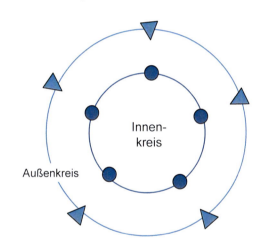

Wirkungskriterien

Die Methode unterstützt die fachlich-inhaltliche Kompetenz der Lernenden, vor allem, wenn Fach- oder Infotexte in vorbereitender Einzelarbeit genutzt werden. Soziale und kommunikative Fähigkeiten werden angesprochen und gestärkt durch die ständige Veränderung der Gesprächspartner, präzises Vortragen und aktives Zuhören.

Beschreibung/Ablauf

Dem Kugellager voraus geht immer eine Arbeitsaufgabe, die von den Lernenden einzeln erarbeitet wird (z.B. Lesen eines Fachtextes, wobei alle den gleichen Text lesen).

Die Grundstruktur des Kugellagers ist ein Doppelkreis, wobei sich die Lernenden aus dem Innen- und Außenkreis gegenübersitzen (oder stehen). So bilden immer 2 Personen ein Tandem. Bei einer ungeraden Anzahl von Teilnehmern macht die Moderatorin mit oder es wird eine Dreiergruppe gebildet.

Der Innenkreis (verständliche Wiedergabe) berichtet zuerst dem Außenkreis (aktives Zuhören) von der Aufgabenlösung (z.B. Wiedergabe von inhaltlichen Schwerpunkten der ersten Hälfte des Fachtextes.) Anschließend gibt der Außenkreis das Gehörte mit eigenen Worten wieder.

Jetzt wird das Kugellager gedreht, z.B. indem sich der Innenkreis um 3 Plätze im Uhrzeigersinn bewegt. Dann beginnt der Außenkreis mit der Wiedergabe der Aufgabenlösung (z.B. Schwerpunkte der zweiten Hälfte des Fachtextes), der Innenkreis hört zu und gibt dann die aufgenommenen Informationen wieder.

Die Drehungen des Kugellagers können in Abhängigkeit der vorherigen stillen Aufgabe mehrmals wiederholt werden, wobei die Rolle des Innen- und Außenkreises zwischen Wiedergabe und aktivem Zuhören wechseln sollte.

Kommentar

Nach der ersten Zuordnung des Doppelkreises sollte der Innenkreis eine erste Bewegung über 3 Schritte im Uhrzeigersinn durchführen, um ungewohnte Gesprächspartner zusammenzubringen. Insgesamt ist dies eine effektive und unkomplizierte Methode, die häufig eingesetzt werden kann.

Fachprofil Lernbegleitung

Methode
Gruppenarbeit

Methode 2
Aquarium – Fishbowl
(klassisch)

Teilnehmerzahl
Mindestens 15 Teilnehmer

Material/Medien
Stühle für Stuhlkreis, Ablaufblatt zur Einführung, Arbeitsblatt mit Beobachtungsaufgabe, Präsentationsmaterial.

Räumliche Voraussetzungen
ausreichend Platz für Stuhlkreise

Vorbereitung
gering

30 min.

Aquarium – Fishbowl (klassisch)

Ziele

Diese Methode unterstützt die Präsentation und Diskussion von Gruppenarbeitsergebnissen, fördert Reflexionsprozesse in der Lerngruppe und ist eine alternative Form der Diskussionsführung.

Sitzordnung

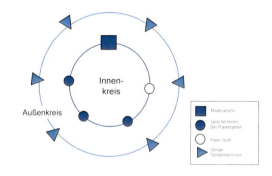

Wirkungskriterien

Diese Methode hat eine starke sozial-kommunikative Komponente, beginnend mit der gruppeninternen Verteilung der Präsentationsaufgaben, der Vorbereitung der Experten bis zur gemeinsamen Präsentation und Auswertung. Unterstützt werden Reflexionsfähigkeit und Kreativität (Rollenübernahme) der Teilnehmer.

Präsentation, Diskussion und Argumentation unterstützen durch ihre Wiederholungsfunktion die Verknüpfung neuer und bekannter Inhalte die Wissensvertiefung.

Beschreibung/Ablauf

Die Lernenden werden in 2 Gruppen geteilt und bilden einen inneren und einen äußeren Stuhlkreis: Im Innenkreis sitzen die Präsentanten der Projektergebnisse, im Außenkreis sitzen oder stehen die anderen Teilnehmer als Zuhörer, Beobachter. Die Teilnehmer des Innenkreises stellen ihre Arbeitsergebnisse vor und gehen dabei auf Probleme und Lösungsstrategien ein. Es sollten möglichst alle aus dem Innenkreis zu Wort kommen. Eine Moderation ist unter Umständen hilfreich und kann von der Referentin oder dem Referenten übernommen werden. Die Zuhörer mischen sich nicht ein, haben aber einen Beobachtungsauftrag (unterstützt durch ein Arbeitsblatt oder Leitfaden) und machen sich während der Präsentation Notizen.

Abschließend werten beide Gruppen gemeinsam die Präsentation unter Einbeziehung der Beobachtungsergebnisse aus.

Variation 1: Teilnehmer aus dem Außenkreis können sich einzeln an der Diskussion/Präsentation durch Nachfragen, Kommentare, Entgegnungen beteiligen. Dafür wird entweder im Innenkreis ein zusätzlicher Stuhl frei gehalten oder Teilnehmer aus den Innen- und Außenkreisen tauschen die Plätze.

Variation 2: Einzelne Teilnehmer übernehmen die Rolle von Experten und werden im Innenkreis durch die Moderatorin oder den Moderator befragt. Auch hier wird ein zusätzlicher Stuhl im Innenkreis aufgestellt, der nur vom jeweiligen Experten genutzt wird.

Kommentar

Diese Methode ist eine ideale Form der Verknüpfung und Präsentation von Gruppenarbeitsergebnissen.

Fachprofil Lernbegleitung

Methode
Gruppenarbeit

Methode 3
Gruppenpuzzle

Teilnehmerzahl
beliebig, mind. 8 Teilnehmer

Material/Medien
Arbeitsmaterialien entsprechend der Teilthemen; evtl. Arbeitsaufträge, Ablaufbeschreibung, Gruppenbildungsmaterialien (z.B. farbige Zahlenkärtchen)

Räumliche Voraussetzungen
Entsprechend der Teilnehmerzahl genügend Raum für Gruppenarbeitsplätze

Vorbereitung
hoch bis sehr hoch, inhaltliche Vorbereitung, Arbeitsmaterialien

30 - 40 min.

Gruppenpuzzle

Ziele

Mit dem Gruppenpuzzle wird der Erwerb von (Grundlagen-)Wissen unterstützt und die Kommunikationsfähigkeit gefördert. Alle Teilnehmer arbeiten intensiv an fachlichen Inhalten und wechseln in ihrer Rolle vom Lehrenden zum Lernenden.

Sitzordnung

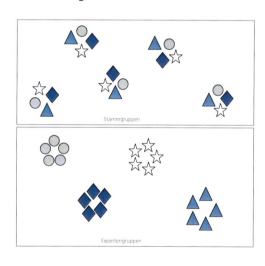

Beschreibung/Ablauf

Grundlage des Gruppenpuzzles ist eine doppelte Gruppenstruktur: Mixgruppen (auch Stammgruppen genannt) sowie die Expertengruppen. Die Teilnehmer wechseln von der Mix- in die Expertengruppe und zurück.

Die gesamte Lerngruppe wird in Kleingruppen von 3 – 5 Mitgliedern geteilt (Mix- bzw. Stammgruppen). Das zu bearbeitende Thema wird zuvor in Teilthemen untergliedert, die Zahl der Teilthemen entspricht der Anzahl der Kleingruppenmitglieder (z.B. Teilthema A – E).

In den Mixgruppen erhält jedes Mitglied ein Teilthema, so dass alle Teilthemen in der Gruppe vertreten sind. Die Lernenden in den Stammgruppen setzen sich einzeln mit den jeweiligen Teilthemen auseinander, machen sich mit den Inhalten oder der Aufgabe vertraut (ca. 5 min.).

Jetzt wird gewechselt: Alle Lernenden mit dem Teilthema A treffen zu einer Expertengruppe zusammen (ebenso die Teilthemen B – E). Die Experten arbeiten gemeinsam an ihrem Thema (ca. 20 min). Danach wechseln sie zurück in ihre Mixgruppe und informieren sich wechselseitig als Experten über die Teilthemen (ca. 10 min).

Wirkungskriterien

Durch die intensive inhaltliche Arbeit, das Anknüpfen an eigenes Vorwissen wird die fachliche Kompetenz gefördert, gegenseitiges Erklären, Nachfragen und Darstellen unterstützt kommunikative und reflexive Fähigkeiten.

Kommentar

Im Rahmen von Fortbildungen, wie dem Fachprofil Lernbegleitung, kann diese Methode gut zur Auseinandersetzung mit neuen Wissensgebieten verwendet werden.

Methode
Gruppenarbeit

Methode 4
Murmelgruppe (Buzz Group)

Teilnehmerzahl
beliebig, mind. 6 Teilnehmer

Material/Medien
keine

Räumliche Voraussetzungen
Für die Variation genügend freier Raum zur Bewegung.

Vorbereitung
keine

2 - 5 min.

Murmelgruppe (Buzz Group)

Ziele

Diese Methode dient der Aktivierung von Lernenden und der Reflexion von Lernstoff nach einer längeren Zuhörphase.

Wirkungskriterien

Vor allem die sozial-kommunikativen Kompetenzen der Lernenden werden hier angesprochen. Der Austausch in den Gesprächen fördert die Reflexionsfähigkeit des Lernenden.

Kommentar

Murmelgruppen können ohne Vorbereitung sehr leicht eingesetzt werden und eignen sich besonders gut, längere Frontalphasen aufzulockern.

Beschreibung/Ablauf

Die Lernenden werden aufgefordert, sich zu zweit oder zu dritt (mit dem jeweiligen Nachbarn) leise über das Gehörte/Gesehene/Erarbeitete auszutauschen. Es ist auch möglich, Leitfragen oder Aufgabenstellungen zu stellen. Dann sollte aber die Möglichkeit gegeben werden, im Plenum die Ergebnisse der Gespräche auszuwerten.

Variation: Die Murmelgruppen agieren nicht im Sitzen, sondern bewegen sich im Raum. Die Gruppen bilden sich spontan, idealerweise können sich 2er oder 3er Gruppen im Gehen unterhalten.

Fachprofil Lernbegleitung

Methode
Gruppenarbeit

Methode 5
Galerie

Teilnehmerzahl
beliebig, mind. 10 Teilnehmer

Material/Medien
geeignetes Papier wie z.B. Flipchart, Stifte, evtl. Bildmaterial, Zeichnungen etc.; Aufhängungsmöglichkeiten.

Räumliche Voraussetzungen
ausreichend Raum für Präsentation der Plakate, z.B. Foyers, Gänge, freie Wände.

Vorbereitung
gering

20 - 30 min.

Galerie

Ziele

Diese Methode kann sowohl für den Einstig in eine bestimmte Thematik, als auch für die Vertiefung von erarbeitetem Wissen genutzt werden. Sie umfasst die Präsentation und Diskussion von Gruppenarbeitsergebnissen.

Sitzordnung

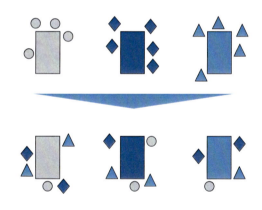

Beschreibung/Ablauf

Die Lernenden erarbeiten in Kleingruppen zu einem vorgegebenen Problem Lösungsvorschläge, die sie in verschiedenen Formen visualisieren, z.B. Plakate, Collagen oder Zettelprotokolle (Zeitraum ist abhängig von der Aufgabe). Diese Visualisierungen werden weiträumig im Raum aufgehängt, so dass sie von allen Lernenden betrachtet werden können.

Die Lernenden informieren sich dann in Gruppen oder einzeln mithilfe der Galerie über die Ergebnisse der anderen. Hilfreich ist die Anwesenheit eines Gruppenmitglieds beim jeweiligen Plakat, um evtl. Nachfragen zu beantworten.

Es ist auch möglich, Zettel, Stifte und andere Hilfsmittel bei den Plakaten auszulegen, um Anregungen, Fragen oder Kommentare aufzusammeln. In diesem Fall sollte aber die Möglichkeit einer Nachbereitung eingeplant werden.

Wirkungskriterien

Wissensvertiefung, Fachlichkeit sowie sozial-kommunikative und kreative Fähigkeiten werden unterstützt durch die Plakatgestaltung sowie die gemeinsame Erläuterung und Diskussion der Plakatinhalte.

Kommentar

Die Galerie ist eine ideale Form der Verknüpfung von Gruppenarbeitsergebnissen mit viel Raum für Kreativität und Bewegung.

Methode
Gruppenarbeit

Methode 6
Flexible Zettelwand

Teilnehmerzahl
4 bis 50 Teilnehmer

Material/Medien
ausreichend Pinnmöglichkeiten, Zettel/Karten, Stifte, Pinnnadeln

Räumliche Voraussetzungen
Raum entsprechend der Teilnehmerzahl, frontal orientierte Sitzgruppen

Vorbereitung
gering, wenn Moderationstechniken bekannt und Materialien vorhanden sind

20 - 40 min.

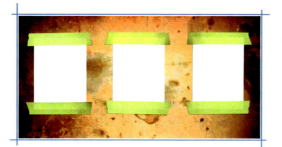

Flexible Zettelwand

Ziele

Mit dieser Brainwriting Methode können Ideen und Abläufe strukturiert oder Ergebnisse von (Klein-)Gruppengesprächen gesichert werden.

Visualisierung

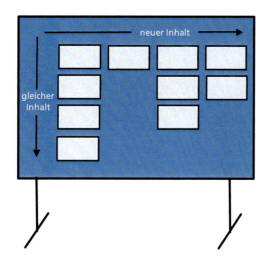

Beschreibung/Ablauf

Die Lernenden nutzen Moderationskarten oder Papierblätter im A5 Format für das Notieren von Ideen und Gedanken. Dies kann in Bezug auf eine gemeinsame Fragestellung an das Plenum geschehen, aber auch als Arbeitsmittel für eine Kleingruppenarbeit genutzt werden.

Die Zettel werden dann an einer Moderationstafel oder einer freien Wandfläche angebracht. Bereits beim Aufhängen können die Zettel sortiert oder geclustert werden. Genauso gut kann dies aber auch in einem zweiten Schritt in der Gruppe geschehen. Vom möglichen Zeitrahmen ist abhängig, ob die Lernenden ihre Notizen bereits beim Aufhängen erläutern oder erst beim gemeinsamen Sortieren.

In der Regel werden die Zettel neben- und untereinander angeordnet: In der Waagerechten die Zettel mit einem neuen Inhalt, senkrecht die Zettel mit gleichen Inhalten, evtl. Überschriften hinzufügen. Auf diese Weise kristallisieren sich Schwerpunkte für die weitere Arbeit der Lerngruppe heraus.

Wirkungskriterien

Diese Methode trainiert vor allem methodisches, strukturelles und reflexives Herangehen an Lerninhalte, fördert kommunikative und kreative Fähigkeiten. Das fachliche Verständnis zu einem bestimmten Problem wird vertieft.

Kommentar

Diese Methode erfordert vor allem beim ersten Einsatz in einer Lerngruppe eine strukturierende Moderation. Klärende Nach- oder Filterfragen unterstützen den erfolgreichen Ablauf.

Fachprofil Lernbegleitung

Methode
Gruppenarbeit

Methode 7
Interaktives Quartett

Teilnehmerzahl
beliebig, mind. 8 Teilnehmer

Material/Medien
Evtl. Arbeitsblatt zur Einführung; Material entsprechend der Aufgabenstellung, Papier, Schreibzeug

Räumliche Voraussetzungen
entsprechend der Teilnehmerzahl ausreichend Platz für 4er- Gruppentische.

Vorbereitung
gering

20 - 30 min.

Interaktives Quartett

Ziele

Das interaktive Quartett ist eine Form des kooperativen Lernens, bei dem inhaltlich fachliches Lernen mit sozialem und affektivem Lernen verbunden wird.

Sitzordnung

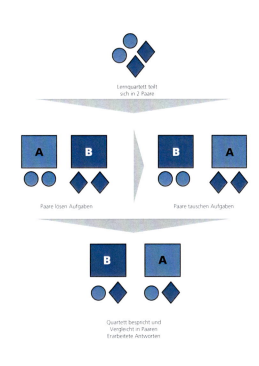

Wirkungskriterien

Diese Methode unterstützt die Erarbeitung neuen Wissens oder ein tieferes Verstehen verschiedener Inhalte. Zugleich werden soziale Lernkompetenzen wie die Kommunikations- und Kooperationsfähigkeit gefördert.

Beschreibung/Ablauf

Jeweils 4 Lernende sitzen an einem Tisch – sie sind das Quartett. Es bilden sich 2 Paare, die sich wechselseitig Aufgaben stellen – vorgegebene oder selbst formulierte. Zuerst lösen die Paare die Aufgaben unter sich, wobei immer einer die Aufgabe löst, während der andere die Rolle des Lehrenden übernimmt. Im Anschluss stellen sich die beiden Paare die Aufgaben und vergleichen dabei die Lösungen.

Variation: Soll dieses kooperative Lernen in größeren Gruppen fortgesetzt werden, können sich zwei Quartette zu Partnergruppen zusammenschließen. Sie tauschen sich während einer Arbeitsphase über ihre Aufgabenstellungen, Fragen, Bearbeitungen, Korrekturen aus bzw. klären offene Fragen oder diskutieren ihre Ergebnisse.

Kommentar

Das interaktive Quartett schafft flexible Strukturen für das gemeinsame Lernen oder Arbeiten in Projekten. Durch seine einfache Handhabung kann es als alltägliche Methode eingesetzt werden.

Methode
Gruppenarbeit

Methode 8
Textduett

Teilnehmerzahl
beliebig, mind. 4 Teilnehmer

Material/Medien
Kopien von Fachtexten, Aufgabenstellungen auf Plakat oder Arbeitsblättern

Räumliche Voraussetzungen
ausreichend Platz für ruhige Tandemarbeit

Vorbereitung
gering

20 – 30 min.

Textduett

Ziele

Das Textduett ist eine Methode des kooperativen Lernens. Sie unterstützt die inhaltliche Annäherung an eine Problematik oder Vertiefung eines Themas und fördert somit die Lese- und Sprechkompetenz.

Wirkungskriterien

In der Erwachsenenbildung unterstützt das Lesen von Fachtexten, die Ausprägung der fachlichen Kompetenzen. Mit der kommunikativen Methode des Textduetts werden die Lese- und Interpretationsfähigkeit, sowie das Erfassen und Weitergeben von inhaltlichen Schwerpunkten und Zusammenhängen geschult.

Kommentar

Das Textduett ist eine einfache, aber effektive Methode, die sich gut mit anderen Methoden verbinden lässt (Galerie, Gruppenpuzzle). In der Erwachsenenbildung, wie z.B. der Fortbildung „Fachprofil Lernbegleitung" unterstützt diese Methode die intensive fachliche Auseinandersetzung.

Beschreibung/Ablauf

Die Lernenden erhalten (Fach-)Texte zu einem bestimmten Sachverhalt. Es können verschiedene Texte sein oder ein umfangreicher Text wird halbiert. Zu den Texten werden Bearbeitungsaufgaben gestellt. Nach der Auseinandersetzung mit dem Text in Einzelarbeit in einer festgelegten Zeit werden Tandems gebildet (das kann zufällig geschehen oder z.B. per Los). In den Tandems werden die Ergebnisse der Textarbeit gegenseitig erläutert und diskutiert.

Erweiternd können den Tandems weiterführende Aufgaben zum Text gestellt werden, deren Ergebnisse dann vor der gesamten Gruppe durch die Tandems vorgestellt werden.

Methode
Gruppenarbeit

Methode 9
Schneller Schuh

Teilnehmerzahl
16 bis 40 Teilnehmer

Material/Medien
Arbeitsblätter mit Aufgabenstellungen, Schreibmaterial, Material für Ergebnispräsentation

Räumliche Voraussetzungen
Raum entsprechend der Teilnehmerzahl mit Gruppenarbeitsplätzen sowie Platz für die Beweglichkeit des „schnellen Schuhs"

Vorbereitung
wenig Material, evtl. Zeit für Raumumbau, Ablauf muss gut geplant werden

40 – 60 min.

Schneller Schuh

Ziele

Diese Methode unterstützt den Perspektivwechsel und die Sammlung unterschiedlicher Sichtweisen bei der Erarbeitung eines Themas.

Wirkungskriterien

Wissen wird mehrfach reflektiert und kommuniziert, wodurch die fachlich-inhaltliche Kompetenz, aber auch die Reflexionsfähigkeiten gestärkt werden. Vom „schnellen Schuh" wird eine hohe sozial-kommunikative Kompetenz erwartet.

Kommentar

Diese Methode ist von hoher Dynamik und mit viel Unruhe verbunden, die von allen Lernenden der Gesamtgruppe ausgehalten werden muss.

Beschreibung/Ablauf

An 4 bis 6 Tischen sitzen die Arbeitsgruppen mit maximal 6 Lernenden und bearbeiten die zentral oder mittels Texten gestellte Leitfrage, einen Arbeitsauftrag oder das zu lösende Problem. Die Gruppe trägt ihr Wissen zu einem Endprodukt zusammen (z.B. ein Plakat). Dieses Endprodukt sollte in doppelter Ausführung vorliegen.

Nun wird an jedem Tisch ein Gruppenmitglied zum „schnellen Schuh" und geht mit einem der Plakate zum Nachbartisch. Er stellt die Ergebnisse seiner Gruppe vor, während ein Vertreter des Gasttisches wiederum die eigenen Ergebnisse präsentiert. So wandert der „schnelle Schuh" von einem Tisch zum anderen, bis er an seinem Ursprungsplatz wieder ankommt. Es können Notizen auf dem eigenen Plakat gemacht werden.

Zum Abschluss berichten die „schnellen Schuhe" ihren Ausgangsgruppen von den Gesprächen mit den anderen Gruppen. Unter Einbeziehung aller Erfahrungen wird in diesen Gruppen eine Abschlusspräsentation erarbeitet.

Variation: Auf mehreren Tischen liegen Plakate mit verschiedenen Fragen oder Themen. Die Gruppen mit 4 bis 6 Lernenden gehen von Tisch zu Tisch und notieren ihre Antworten oder Ideen. Auf diese Weise werden die Plakate von Gruppe zu Gruppe weiter geschrieben. Die Wechsel finden statt, bis alle Gruppen wieder an ihrem Ausgangstisch angekommen sind. Jede Gruppe bringt nun das Ausgangsplakat in eine Abschlussform für eine Präsentation.

Methode
Gruppenarbeit

Methode 10
Onkel-Otto-Zettel

Teilnehmerzahl
beliebig, mind. 6 Teilnehmer

Material/Medien
Schreibmaterial, Papier für Plakate

Räumliche Voraussetzungen
Platz für Plakate

Vorbereitung
gering, Plakate auslegen

10 – 20 min.

Onkel-Otto-Zettel

Ziele

Mit dieser Methode können schnell und kreativ Themen aufgeschlossen oder Ideen gesammelt werden.

Wirkungskriterien

Diese Methode regt die Fantasie und Kreativität der Lernenden an. Sie fördert die Konzentration, Wesentliches schnell und kurz zu beschreiben.

Kommentar

Die Methode Onkel-Otto-Zettel lässt sich auch gut als Pausenfüller oder -aufgabe verwenden. Bei entsprechenden Satzanfängen unterstützt sie ein positives Klima in der Lerngruppe.

Beschreibung/Ablauf

Für eine kurzes „Warming up" oder die Sammlung von Statements ist die ursprüngliche Version der Methode Onkel-Otto-Zettel – das Vollenden von Sätzen gut geeignet. Es liegen Plakate aus, auf denen jeweils unterschiedliche angefangene Sätze stehen (wie z.B. „Lernen heißt für mich…"). Die Lernenden wechseln hier einzeln von Plakat zu Plakat. Damit nicht jeder sehen kann, was geschrieben wird, sollte ähnlich wie beim Kinderspiel, mit dem Schreiben am unteren Rand des Blattes begonnen werden, der dann jeweils nach hinten geknickt werden kann. Erst wenn alle Lernenden ihren Satz geschrieben haben, wird das gesamte Plakat präsentiert.

Die geschriebenen Statements können als Grundlage für weitere Diskussionen oder Gruppenarbeit genutzt werden.

Fachprofil Lernbegleitung

Methode
Gruppenarbeit

Methode 11
Lernen an Stationen

Teilnehmerzahl
beliebig

Material/Medien
Arbeitsblätter mit Stationsaufgaben, Laufzettel (Zeitpläne), evtl. Material für die Lösung der Aufgaben

Räumliche Voraussetzungen
Möglichkeiten für den Aufbau der Stationen und ungestörtes Arbeiten an den Stationen

Vorbereitung
In Abhängigkeit von den Aufgabenstellungen an den Stationen

15 min.

Lernen an Stationen

Ziele

Diese handlungsorientierte Methode unterstützt vor allem selbstständiges Arbeiten der Lernenden. Bekannte Lerninhalte können wiederholt oder geübt, neue Themen erarbeitet werden.

Beschreibung/Ablauf

Entsprechend des zu bearbeitenden Themas werden verschiedene Stationen vorbereitet (Aufgaben, Arbeitsmaterial). Die Anzahl der Stationen sollte dem Inhalt, der Teilnehmerzahl sowie der zur Verfügung stehenden Zeit angemessen sein.

Gestartet wird mit einer gemeinsamen inhaltlichen Einführung sowie der Erläuterung der Stationen, des Ablaufs und der Aufgaben. Entsprechend der Anzahl der Stationen werden die Lernenden in Gruppen geteilt (z.B. durch ein Losverfahren).

Jetzt folgt das Lernen an den Stationen. Nach vorgegebener Zeit wechseln die Gruppen in einer festen Reihenfolge, dies wird wiederholt, bis alle Lernenden an allen Stationen gearbeitet haben. Zeiteinhaltung und Wechsel können durch akustische Signale der Moderation (z.B. Gong) unterstützt werden.

Die Lernenden reflektieren zum Abschluss ihre Lern- bzw. Aufgabenergebnisse gemeinsam im Plenum.

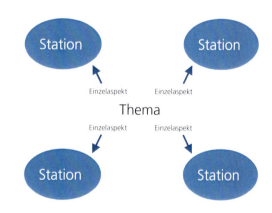

Wirkungskriterien

Das Lernen an Stationen fördert soziale Kompetenzen, Team- und Kooperationsfähigkeit durch gemeinsames Lernen. Eigenverantwortliches und individuelles Lernen wird gezielt angesprochen und unterstützt die Stärkung der methodisch-fachlichen Kompetenz.

Kommentar

Im Rahmen der Fortbildung Fachprofil Lernbegleitung eignet sich diese Methode besonders gut für die selbstständige Auseinandersetzung mit verschiedenen Instrumenten der Reflexion und Dokumentation informellen Lernens.

Methode
Gruppenarbeit

Methode 12
Schreibgitter

Teilnehmerzahl
6 bis 40 Teilnehmer

Material/Medien
Arbeitsblätter mit strukturiertem Schreibgitter entsprechend der Gruppenstärke und Arbeitsaufgabe

Räumliche Voraussetzungen
Raum mit Gruppenarbeitsplätzen entsprechend der Teilnehmerzahl

Vorbereitung
gering

30 – 45 min.

Schreibgitter

Ziele

Individuelles Nachdenken und gemeinsames Austauschen sind die Hauptziele dieser Methode des kooperativen Lernens.

Varianten

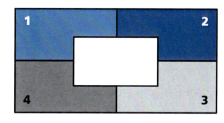

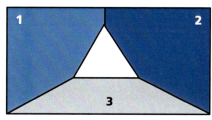

Beschreibung/Ablauf

Die Gesamtgruppe der Lernenden wird durch Zuordnung oder Abzählen so aufgeteilt, dass 3er- oder 4er-Gruppen entstehen und jeder Lernende weiß, zu welcher Gruppe er gehört. Die vorbereiteten Schreibgitter (Arbeitsblätter) werden verteilt. Die Anzahl der Felder des Gitters entspricht der Anzahl der Gruppenmitglieder plus ein zentrales Feld.

Die zu lösende Aufgabe kann eine zentrale für alle Lernenden sein oder sich in Gruppenaufgaben aufsplitten. Zunächst arbeitet jeder allein und notiert seine Gedanken, Ideen im Feld 1 seines Schreibgitters (ca. 5 min). Dann finden sich die Gruppen zusammen und stellen sich jeweils ihre Lösungen vor. Jedes Gruppenmitglied notiert dabei die Schwerpunkte der anderen in den weiteren Feldern des Schreibgitters. Zum Schluss einigt sich die Gruppe auf gemeinsame Formulierungen oder Antworten, die in das mittlere Feld geschrieben werden (ca. 15 min).

Eine Präsentation und Diskussion der Gruppenergebnisse bildet den möglichen Abschluss dieser Methode.

Wirkungskriterien

Gegenseitiges Erläutern, Nachfragen und Antworten bestimmt die starke sozialkommunikative Wirkung dieser Methode. Individuelles Nachdenken und Verteidigen eigener Gedanken stärkt persönliche Lernkompetenzen. Verschiedne Sichtweisen auf einen Lerngegenstand vertiefen die inhaltliche Auseinandersetzung.

Kommentar

Schreibgitter sind strukturierte Arbeitsvorlagen für sogenannte think-pair-share Lernprozesse. Die Lernenden erhalten ein „Puzzle-Zusammenfügen-Gefühl", das mehr Lust zur Aufgabenbearbeitung vermitteln kann, als leere Arbeitsblätter.

Fachprofil Lernbegleitung

Methode
Gruppenarbeit

Methode 13
Rollenspiel

Teilnehmerzahl
10 bis 20 Teilnehmer

Material/Medien
keine

Räumliche Voraussetzungen
möglichst wenig möblierter Raum

Vorbereitung
gering

40 – 60 min.

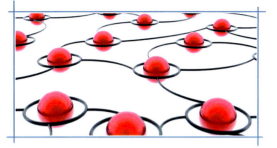

Rollenspiel

Ziele

Mit dem Rollenspiel, einer Methode des szenischen Lernens, wird das ganzheitliche Lernen unterstützt. Spielerisches Nachempfinden und Darstellen von sozialen Situationen oder Themen ergänzen rezeptive Lernprozesse. Die Kooperationsbereitschaft und Problemlösungsfähigkeiten sollen in der Lerngruppe gefördert werden.

Wirkungskriterien

Diese Methode hat starke sozial-kommunikative Wirkungen, nonverbale Kommunikation wird deutlicher beachtet, Verhaltensweisen und Einstellungen können deutlich gemacht werden.

Kommentar

Das Rollenspiel ist eine sehr kreative Methode, die in starkem Maße von der Persönlichkeit der Lernenden geprägt wird. Die absolute Freiwilligkeit der Übernahme von Rollen ist zu beachten.

Beschreibung/Ablauf

Für das angeleitete Rollenspiel wird eine bestimmte Situation, ein Thema, festgelegt und Lernende übernehmen eine definierte Rolle. Je nach inhaltlicher Ausrichtung und möglichem Zeitaufwand, können die Rollen und ihren Möglichkeiten vorgegeben oder in Kleingruppen erarbeitet werden. Es wird festgelegt, wie die Rollenverteilung erfolgt und welcher Spielzeitraum zur Verfügung steht.

Dann erfolgt das eigentliche Rollenspiel ohne Einwirkung von außen. Lernende, die keine Rolle übernommen haben, beobachten das Spiel und erhalten eventuell entsprechende Beobachtungsaufgaben. Der Ausstieg aus dem Rollenspiel wird zum vereinbarten Zeitraum von der Moderation eingeleitet. Das Ende des Spiels muss für alle deutlich werden.

In der Auswertungsphase werden die Rollenwahrnehmungen diskutiert, Verhaltensmuster reflektiert bzw. gemeinsam Alternativen entwickelt. Spielende und Beobachter stehen dabei im Dialog.

Fachprofil Lernbegleitung

Methode
Gruppenarbeit

Methode 14
Standbild/Skulptur bauen

Teilnehmerzahl
10 bis 40 Teilnehmer

Material/Medien
keine

Räumliche Voraussetzungen
Ausreichend Raum für die Gestaltung des Standbildes und die Beobachter

Vorbereitung
keine

20 – 30 min.

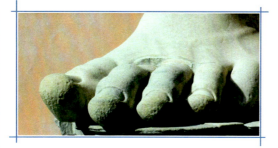

Standbild/Skulptur bauen

Ziele

Das Standbild bauen ist eine weitere Methode des szenischen Lernens. Mit dem Standbild wird ein Problem oder Thema in der Lerngruppe visualisiert.

Wirkungskriterien

Die Methode des Standbildes fördert die Kreativität der Lernenden, sowie ihre Fähigkeit zu genauer Beobachtung, Reflexion und Interpretation von Visualisierungen. Sie hat eine starke sozial-kommunikative Wirkung.

Kommentar

Voraussetzung für den Einsatz dieser Methode ist eine offene und vertrauensvolle Grundstimmung in der Lerngruppe. Dem „Bildhauer" muss gestattet sein, andere Personen zu berühren, um die Figur bauen zu können.

Beschreibung/Ablauf

Ein Mitglied der Lerngruppe wird zum „Bildhauer" bzw. zum „Regisseur" benannt. In der Regel setzt dieser eine eigene Skulpturidee entsprechend des Lerngegenstandes um, ohne sie jedoch zu Beginn vorzustellen. Aus Personen der Lerngruppe wird ein Problem, ein Thema oder eine soziale Situation in Form eines Standbildes gestaltet. Dazu wählt sich der Bildhauer die entsprechenden Personen aus den in einem großen Kreis stehenden Lernenden aus und arrangiert sie zu einer lebenden Skulptur. Er weist ihnen bestimmte Positionen zu, verdeutlicht ohne Worte, welche Körperhaltungen eingenommen, welche Mimik und Gestik gezeigt werden soll und gestaltet so die Beziehungen der Figuren untereinander.

Auf diese Weise werden Beziehungen, Haltungen, Einstellungen und Gefühle deutlich gemacht, ohne die Sprache einzusetzen – Mitspieler und Zuschauer verhalten sich absolut passiv.

Die nicht am Standbild beteiligten Personen beobachten den Vorgang des Standbild bauens. Ist die Skulptur fertig, erstarrt sie für kurze Zeit. In der anschließenden Auswertung beschreiben und interpretieren die Beobachter die Skulptur und ihre Entstehung. Die an der Figur Beteiligten beschreiben ihre Gefühle und Eindrücke. Letztlich stellt der „Bildhauer" seine ursprüngliche Idee vor und vergleicht sie mit den Aussagen der Gruppe.

Fachprofil Lernbegleitung

Methode
Gruppenarbeit

Methode 15
Vier Ecken

Teilnehmerzahl
beliebig, mind. 15 Teilnehmer

Material/Medien
Karten oder ähnliches zur Kennzeichnung der Ecken, Plakate mit Statements

Räumliche Voraussetzungen
in nahezu jedem Raum möglich, Bewegungsfreiheit ist günstig

Vorbereitung
keine

15 – 20 min.

Vier Ecken

Ziele

Diese Methode kann als „Kennenlernrunde", zur Annäherung an eine Problematik oder als einfacher Einstieg in eine fachliche Diskussion genutzt werden. Sie dient der Meinungsbildung oder Vorbereitung von Entscheidungen.

Wirkungskriterien

Diese Methode hat eine starke sozial-kommunikative Wirkung, die Lernenden begründen ihre individuelle Platzwahl, reflektieren die Entscheidung der anderen.

Kommentar

Die Methode „Vier Ecken" ist hervorragend geeignet, um Meinungen und Einstellungen abzufragen.

Beschreibung/Ablauf

In vier eindeutig gekennzeichneten Ecken eines Raumes – es können auch 3 Ecken oder 5 bis 6 verschiedene Plätze sein – werden z.B. Plakate mit verschiedenen Aussagen, alternativen Statements zu einem Thema angebracht.

Die Lernenden entscheiden sich einzeln für die Aussage, die ihren eigenen Intentionen am nächsten kommt und begeben sich an die entsprechenden Plätze/Ecken. Die so entstehenden Gruppen tauschen sich über ihre Gedanken aus, begründen ihre jeweilige Wahl.

Möglich ist anschließend ein Perspektivwechsel, indem die Gruppen in andere „Ecken" wechseln und sich mit der dortigen Aussage auseinandersetzen. Eine Auswertung oder Schlusszusammenfassung kann im gemeinsamen Plenum stattfinden und mit anschließenden Arbeitsstationen verknüpft werden.

Fachprofil Lernbegleitung

Methode
Vortrag

Methode 16
Frontalvortrag/Input

Teilnehmerzahl
beliebig

Material/Medien
eventuell Präsentationsmedien, Handouts

Räumliche Voraussetzungen
ausreichend Platz für Plenum

Vorbereitung
gering

bis 30 min.

Frontalvortrag/Input

Ziele

Vorträge dienen vor allem der Einführung in ein neues Thema und bereiten die Auseinandersetzung der Lernenden mit dieser Thematik vor. Sie unterstützen den Wechsel von rezeptiven und aktiven Lernphasen.

Wirkungskriterien

Frontalvorträge oder Impulsreferate wirken orientierend. Die Lernenden sind angehalten, konzentriert zu hören und Wesentliches zu erfassen.

Kommentar

Bei der Gestaltung abwechslungsreicher Lernszenarien sollten Frontalvorträge selten und an passender Stelle eingesetzt werden.

Beschreibung/Ablauf

Vorträge oder Impulsreferate werden in der Regel im Plenum gehalten, die referierende Person sollte von allen Lernenden gut zu hören und zu sehen sein. Ziel, Thema und Dauer des Vortrags sollten zu Beginn bekannt gegeben werden, evtl. wird eine begleitende Arbeitsaufgabe ausgegeben. Die Dauer des Vortrages ist abhängig vom Inhalt, sowie vom gesamten Lernarrangement. Visualisierungen (z.B. Flipchart oder PowerPoint-Präsentationen) unterstützen die Wirksamkeit eines Vortrages.

An einen Vortrag sollte sich eine Aktivitätsphase der Lernenden anschließen, in der z.B. Themen aus dem Referat vertieft werden.

Methode
Gruppenarbeit

Methode 17
Gespräch/Unterrichtsgespräch

Teilnehmerzahl
beliebig

Material/Medien
eventuell Präsentationsmedien für Darstellung des Gesprächsthemas

Räumliche Voraussetzungen
Ausreichend Raum entsprechend der Teilnehmerzahl

Vorbereitung
keine

10 – 20 min.

Gespräch/Unterrichtsgespräch

Ziele

Unterrichtsgespräche dienen der Vermittlung von Inhalten bzw. der Diskussion oder dem Austausch der Lernenden zu einen spezifischen Thema. Die Lernenden bringen ihren individuellen Wissensstand zur jeweiligen Problematik ein.

Wirkungskriterien

Unterrichtsgespräche unterstützen die vertiefende Auseinandersetzung mit fachlichen Themen. Soziale und kommunikative Fähigkeiten werden durch das miteinander Reden und gegenseitiges Zuhören gefördert.

Kommentar

Unterrichtsgespräche können als Vor- oder Nachbereitung von Vorträgen eingesetzt werden.

Beschreibung/Ablauf

Unterrichtsgespräche können in geführter oder freier Form durchgeführt werden. In der geführten Form des fragend-entwickelnden Gesprächs setzt die moderierende Person (Lehrer, Dozent) ihr eigenes inhaltliches Konzept um, indem die Lernenden befragt (Fragen stehen fest) und die Antworten zu einem bestimmten (vorher bekannten) Ziel geführt werden.

Im freien Unterrichtsgespräch werden nur Impulse und Anregungen gegeben, Lernende und Moderation arbeiten gemeinsam an einer Lernaufgabe. Fragestellungen entwickeln sich hier aus dem Gespräch heraus.

Fachprofil Lernbegleitung

Methode
Gruppenarbeit

Methode 18
Themendiskussion

Teilnehmerzahl
10 – 40 Teilnehmer

Material/Medien
keine

Räumliche Voraussetzungen
Arbeitsblätter mit Diskussionsthemen, Materialien Gruppeneinteilung

Vorbereitung
gering

20 – 40 min.

Themendiskussion

Ziele

Mit Themendiskussionen können verschiedene Facetten eines Fachthemas herausgearbeitet und diskutiert werden. Der fachliche Disput in einer Lerngruppe wird angeregt.

Wirkungskriterien

Diese Methode hat eine starke sozialkommunikative Komponente, die Lernenden üben sich im Argumentieren und dem Verteidigen eigener Standpunkte. Fachliches Wissen wird erweitert durch die Erfahrung und Diskussion verschiedener Aspekte eines Themas.

Kommentar

Diese Methode wirkt auf die Lernenden in den Kleingruppen stark aktivierend und erfordert im Plenum eine professionelle Moderation.

Beschreibung/Ablauf

Die Lerngruppe wird in Kleingruppen von 3 bis maximal 6 Lernende aufgeteilt. Jede Kleingruppe erhält ein Thema, das in der Gruppe diskutiert wird, wobei entsprechende Argumentationen entwickelt werden. Diese Argumentationen werden notiert oder visualisiert (z.B. Plakat/Flipchart). Die Themen für die Kleingruppen können verschiedene Aspekte eines Lernschwerpunktes darstellen. Die thematische Diskussion findet in den Kleingruppen statt. Die Ergebnisse der Diskussion können anschließend im Plenum vorgestellt werden.

Alternativ können auch alle Kleingruppen das gleiche Thema erhalten und in den Gruppen gemeinsame Argumentationen erarbeiten. In einer Diskussion im Plenum stellen dann Vertreter der Kleingruppen die Intentionen der Gruppe vor.

Methode
Gruppenarbeit

Methode 19
Kleingruppenbildung

Teilnehmerzahl
beliebig, mind. 10 Teilnehmer

Material/Medien
Bildkarten, Bonbons etc.

Räumliche Voraussetzungen
ausreichend Platz für Gruppenfindung

Vorbereitung
gering

2 – 10 min.

Kleingruppenbildung

Ziele

Diese Methode dient der Aufteilung von großen Lerngruppen in Kleingruppen für Übungen und Aufgaben.

Erklärung: AG=Ausgangsgruppe; MG=Mixgruppe

Achtung: Die Anzahl der Personen in der kleinsten AG bestimmt die Anzahl der MGs: 3 x 5 z.B. heißt: 3 Gruppen à 5 Menschen

TN	AG	MG
10 TN	2 x 3 + 1 x 4	2 x 3 + 1 x 4
11 TN	1 x 3 + 2 x 4	1 x 3 + 2 x 4
12 TN	3 x 4	4 x 3
13 TN	2 x 4 + 1 x 5	3 x 3 + 1 x 4
15 TN	3 x 5	5 x 3
16 TN	4 x 4	4 x 4
17 TN	2 x 4 + 1 x 5	3 x 3 + 2 x 4
18 TN	2 x 4 + 2 x 5	2 x 4 + 2 x 5
19 TN	3 x 4 + 1 x 5	3 x 4 + 1 x 5
20 TN	4 x 5	5 x 4
21 TN	3 x 5 + 1 x 6	4 x 4 + 1 x 5
22 TN	2 x 5 + 3 x 4	2 x 5 + 2 x 6
23 TN	3 x 5 + 2 x 4	3 x 6 + 1 x 5
24 TN	6 x 4	4 x 6
25 TN	5 x 5	5 x 5
26 TN	4 x 5 + 1 x 6	4 x 5 + 1 x 6
27 TN	3 x 5 + 3 x 4	3 x 7 + 1 x 6
28 TN	4 x 5 + 2x4	4 x 7
29 TN	4 x 6 + 1 x 5	4 x 6 + 1 x 5
30 TN	6 x 5	5 x 6
31 TN	5 x 5 + 1 x 6	4 x 6 + 1 x 7
32 TN	4 x 5 + 2 x 6	3 x 6 + 2 x 7
33 TN	3 x 5 + 3 x 6	2 x 6 + 3 x 7
34 TN	2 x 5 + 4 x 6	4 x 7 + 1 x 6
35 TN	5 x 6 + 1 x 5	5 x 7

Beschreibung/Ablauf

Für die abwechslungsreiche Gestaltung von Lernszenarien ist die Aufteilung von großen Lerngruppen in Kleingruppen notwendig. Wichtig ist dabei, dass die Gruppen immer wieder neu gemischt werden, um so neue und interessante Arbeits- und Informationsmöglichkeiten für die Lernenden zu sichern. Die für die Gruppenaufteilung gewählte Methode sollte der jeweiligen Situation und Zielgruppe entsprechen.

Variante 1: Ansichtskarten oder Bildkarten (pro Gruppe eine Karte) werden entsprechend der gewünschten Gruppenstärke zerschnitten und die Puzzleteile vermischt. Die Lernenden ziehen jeweils ein Puzzleteil und finden sich über das Zusammensetzen der Kartenmotive zu Kleingruppen zusammen.

Variante 2: Bonbons oder Gummibärchen (entsprechend der gewünschten Anzahl von Gruppen) unterschiedlicher Farbe werden in eine Schale herumgereicht. Gleiche Bonbons oder Bärchen einer Farbe bilden eine Gruppe, oder auch die, die keine Süßigkeit genommen haben. Natürlich können die Süßigkeiten dann verspeist werden, Zucker ist ja auch Nervennahrung.

Variante 3: Einfaches „Durchzählen" entsprechend der gewünschten Gruppenstärke. Das geht schnell und ist Vielen aus dem Sportunterricht vertraut.

Variante 4: Die Gruppeneinteilung für Gruppenpuzzles ist etwas komplizierter (siehe nebenstehendes Raster).

Kommentar

Wie alle Methoden sollten Gruppenaufteilungen plausibel dargestellt werden, u.U. sollte mit Verweigerungen Einzelner gerechnet werden.

Wirkungskriterien

Die für die Gruppenaufteilung verwendeten Methoden wirken auflockernd, die unterschiedliche Gruppenzusammensetzung fördert gruppendynamische Prozesse.

Fachprofil Lernbegleitung

Methode
Gruppenarbeit

Methode 20
Heißer Stuhl

Teilnehmerzahl
beliebig

Material/Medien
eventuell Arbeitsblatt mit vorgebereiteten Thesen

Räumliche Voraussetzungen
genügend Raum für Plenum und Einzelplatz

Vorbereitung
gering

10 min.

Heißer Stuhl

Ziele

Zielsetzung dieser Methode ist die Vermittlung oder das Austarieren verschiedener, auch teilweise extremer Sichtweisen eines Themengebiets.

Wirkungskriterien

Im Vordergrund der Übung „Heißer Stuhl" steht die Förderung eines Problembewusstseins durch den Rollentausch sowie die Entwicklung kommunikativer Kompetenzen.

Kommentar

Der „Heiße Stuhl" ist eine starke Methode für eine polarisierende Problemdiskussion.

Beschreibung/Ablauf

Beim so genannten „Heißen Stuhl" handelt es sich ursprünglich um eine Konfrontationstechnik, die im Rahmen von Anti-Aggressivitäts-Trainings bzw. Anti-Gewalttrainings (AGT) eingesetzt wird. Diese Trainings setzen sich aus einer Reihe von theoretischen, praktischen und körperlichen Übungen zusammen mit der Zielsetzung, aggressiven Verhaltensweisen vorzubeugen bzw. diese abzubauen.

In Lern- und Bildungsprozessen wird die Methode „Heißer Stuhl" als Rollenspiel dazu genutzt, provokante Thesen in den Raum zu stellen und in der Lerngruppe zu diskutieren. Hierbei erklärt sich eine Person der Lerngruppe bereit, die Gruppe mit jeweils einer These zu konfrontieren und diese zu verteidigen. Dazu nimmt er auf einem einzelnen Stuhl gegenüber der gesamten Lerngruppe (Plenum) Platz oder ein einzelner Stuhl wird im Inneren eines Stuhlkreises aufgestellt.

Die Thesen zu einem Thema können durch die Lernenden selbst entwickelt bzw. spontan aufgestellt oder auch vorgegeben werden. Vorbereitete Thesen können ausgewählt oder per Zufall „gezogen" werden. Interessant ist die Verteidigung von Thesen, die der Lernende selbst nicht befürworten würde.

Methode
Einzelarbeit

Methode 21
Stiller Dialog

Teilnehmerzahl
beliebig

Material/Medien
Laptop/PC mit Lautsprecher, ruhiger Musiktitel, Moderationskarten, Stifte

Räumliche Voraussetzungen
keine

Vorbereitung
gering

10 min.

Stiller Dialog

Ziele

Zielsetzung dieser Methode ist die individuelle Auseinandersetzung der Lernenden mit sich selbst.

Wirkungskriterien

Gefördert wird mit dieser Methode die Fähigkeit zur Selbstreflexion.

Kommentar

In der Fortbildung „Fachprofil Lernbegleitung" wird diese Methode als Überleitungsmöglichkeit zum Thema des informellen Lernens genutzt.

Beschreibung/Ablauf

Die Lernenden erhalten die Aufgabe, in einen inneren Dialog zu treten und sich selbst zu den eigenen Stärken und ausgeprägten Fähigkeiten zu befragen. Auf ihrer Reise zu sich selbst werden sie durch entspannende Musik unterstützt und gebeten, die Augen zu schließen. Im Anschluss notieren sie ihre wichtigste Kompetenz oder Stärke auf eine Moderationskarte.

In Tandems – von Nachbar zu Nachbar – erläutern sie sich gegenseitig ihre jeweiligen Stärken und deren Wurzeln.

Variante: Die Moderationskarten können anschließend auf einer Metaplanwand den Begriffen „Beruf – Alltag – Ausbildung" zugeordnet werden, um so festzustellen, wo bzw. wann Fähigkeiten und Stärken in den Lernbiografien entstehen.

Fachprofil Lernbegleitung

Methode
Gruppenarbeit

Methode 22
Kompetenzspiel

Teilnehmerzahl
beliebig

Material/Medien
Karten mit aufgedruckten Kompetenzen, evtl. Briefumschläge

Räumliche Voraussetzungen
genügend Raum für Plenum

Vorbereitung
gering

10 – 20 min.

Kompetenzspiel

Ziele

Diese Methode ist gut geeignet, als „Warming up" in Bildungs- oder Lernszenarien das Thema Kompetenzen in den Fokus der Lernenden zu rücken.

Wirkungskriterien

Diese Methode unterstützt die Vertiefung des Wissens um Kompetenzen, die individuelle Fähigkeit der Reflexion, gerichtet auf eigene Stärken oder Kompetenzen, sowie die Kommunikationsfähigkeit durch das Vorstellen der eigenen Kompetenzen.

Kommentar

Die Methode des „Kompetenzspiels" wurde für insbesondere für Gestaltung der Seminare der Fortbildung „Fachprofil Lernbegleitung" entwickelt. Modifikationen, z.B. durch die Verwendung von Begriffen aus anderen Themenbereichen, sind jederzeit möglich.

Beschreibung/Ablauf

Vorbereitet werden kleinere Karten[1], auf welchen jeweils eine Kompetenz[2] aufgedruckt ist (z.B. in Postkartengröße). Zur Erhöhung der Spannung können diese Karten noch einzeln in Briefumschlägen stecken. Durch die Moderierenden oder die Lernbegleitenden werden die Karten zu einem Fächer ausgebreitet aus dem die Lernenden jeweils eine Karte ziehen. (Sind es kleinere Karten oder Zettel, könne diese auch zusammengefaltet aus einem offenen Behältnis gezogen werden.)

Jetzt erhalten alle Lernenden ein wenig Zeit, die gezogenen Kompetenz zu lesen und zu reflektieren, ob diese zu den eigen Stärken gehört oder nicht.

Anschließend werden die Lernenden gebeten, vor der Lerngruppe die gezogene Kompetenz zu benennen und öffentlich die Frage zu beantworten: „Ich habe diese Kompetenz, weil..." oder „Ich habe diese Kompetenz nicht, weil...".

Je nach Stärke der Lerngruppe und dem zur Verfügung stehenden Zeitvolumen, können alle Lernenden oder nur einige Ausgewählte/Freiwillige ihre Kompetenzen vorstellen.

---

[1] Nutzen Sie hierfür die beiliegende Kopiervorlage

[2] Die Kompetenzbegriffe auf den Karten wurden dem Kompetenzatlas von John Erpenbeck entnommen. Erpenbeck unterscheidet Kompetenzen in die vier Kategorien: personale Kompetenz, aktivitäts- und Handlungskompetenz, sozial-kommunikative Kompetenz, Fach- und Methodenkompetenz. Vgl. hierzu: Volker Heyse, John Erpenbeck (Hrsg): *Kompetenztraining*, Schäffer-Poeschel Verlag Stuttgart 2004

Methode
Gruppenarbeit

Methode 23
Lernleine

Teilnehmerzahl
beliebig

Material/Medien
Stellwände, Wäscheleine und Wäscheklammern, Zettel oder Moderationskarten, Stifte

Räumliche Voraussetzungen
genügend Platz zum Spannen einer Leine

Vorbereitung
gering

10 – 20 min.

Lernleine

Ziele

Diese Methode eignet sich gut, um Ideen oder Vorschläge zu einem Thema zu sammeln, Aufgabenergebnisse zu dokumentieren oder den Ablauf eines Lernprozesses zu planen.

Wirkungskriterien

Diese Methode unterstützt kreative Ideenfindung der Lernenden sowie die Kommunikationsfähigkeit durch das Vorstellen und evtl. Verteidigen der eigenen Ideen. Lernprozesse werden in ihren Abläufen klarer.

Kommentar

Die Nutzung der „Lernleine" bringt viel fröhliche Bewegung in den Lernraum und sorgt damit für Abwechslung im Rahmen eine Lernveranstaltung.

Beschreibung/Ablauf

Eine Leine wird zwischen zwei Pinnwänden gespannt. Mit Hilfe von Wäscheklammern hängen die Lernenden ihre beschrifteten Zettel, Karten oder je nach Anliegen andere Objekte auf. Die Wäscheleine kann als inhaltliche Brücke zwischen den beiden gefüllten Pinnwänden oder als für sich stehendes Instrument des Sammelns von Aussagen, Ideen, Lernschritten etc. genutzt werden.

Variante: Die sogenannte „Lernleine" symbolisiert einen Lernprozess, beginnend mit dem Kennenlernen des Lerngegenstandes, über einzelne Schritte der Auseinandersetzung mit dem Lerngegenstand bis hin zur Dokumentation des Lernerfolges. Einzelne Schritte in diesem Prozess werden auf Karten notiert und an die Leine geklammert. Probleme, Teilergebnisse oder Lerntipps können zugeordnet werden.

Die Lernleine kann im Rahmen eines längeren Lernprozesses (in der jeweiligen Lerngruppe) ergänzt werden, so dass z.B. immer der aktuelle Lernstand der Gruppe abzulesen ist. Sie kann auch als Planungshilfe für die Vorbereitung eines konkreten Lernszenarios dienen, das in der Gruppe erarbeitet wird.

Fachprofil Lernbegleitung

Fachprofil Lernbegleitung

Kopiervorlagen

- Lerntypentest
- Kompetenzspiel
- pd^4

Fachprofil Lernbegleitung

Lerntypentest

Kopiervorlagen

STATION

Fachprofil Lernbegleitung   www.das-lernzentrum.de

STATION

Starten Sie die Wiedergabe **nach dem Gongschlag** und hören Sie sich die **4 Begriffe** mit den Erklärungen an, ohne dabei zu reden.

Alle **Begrifffolgen** werden **4 mal angesagt**, dazwischen ist jeweils eine kurze Pause.

Die Wiedergabe stoppt am Ende von selbst.

Klicken Sie auf das Symbol um die Wiedergabe zu starten!

STATION

Fachprofil Lernbegleitung — www.das-lernzentrum.de

STATION 2

Jeder nimmt sich **eines der Kärtchenpakete** (4 Kärtchen).
Bitte **alle Kärtchen** so **umgedreht lassen**, dass man sie nicht lesen kann.

Drehen Sie **nach dem Gongschlag** das **erste** Kärtchen um, lesen Sie **still** den Begriff mit Erklärung, ca. eine halbe Minute lang. Verfahren Sie genau so mit den anderen 3 Kärtchen.

Legen Sie am Ende den Stapel wieder genau so hin wie zu Beginn.

Troglodyt

HÖHLENBEWOHNER

Jucker

WAGENPFERD

Samum

HEISSER WÜSTENWIND

Hakim

GELEHRTER, KLUGER MANN

STATION

Fachprofil Lernbegleitung																																			www.das-lernzentrum.de

STATION 3

Jeder nimmt sich **einen der laminierten Zettel.**

Drehen Sie **beim Gongschlag** diesen Zettel um und lesen Sie **still** die Begriffe mit den Erklärungen.

Erklären Sie sich nun (leise murmelnd) gegenseitig diese Begriffe. Verwenden Sie für jeden Begriff ca. eine halbe Minute.

Legen Sie am Ende den Zettel wieder genau so hin wie zu Beginn.

- Brakteat — ALTE MÜNZE
- Barsoi — WINDHUND
- Tobboggan — KANADISCHER SCHLITTEN
- Baschlik — WOLLMÜTZE

STATION

Fachprofil Lernbegleitung

www.das-lernzentrum.de

STATION 4

Jeder nimmt sich **eines** der **Kärtchenpakete** (4 Kärtchen).
Bitte **alle Kärtchen** so **umgedreht lassen**, dass man sie nicht lesen kann.

Drehen Sie nach dem Gongschlag das erste Kärtchen um, lesen Sie still den Begriff mit Erklärung und **malen Sie ein Bild** dazu auf den bereit liegenden Schmierzettel (es muss nicht besonders schön sein!) **oder schreiben Sie** den Begriff und die Erklärung 3 mal ab, ca. eine halbe Minute lang.

Verfahren Sie genau so mit den anderen 3 Kärtchen.
Legen Sie am Ende den Stapel wieder genau so hin wie zu Beginn.

Tesching

KLEINKALIBERGEWEHR

STAKET

LATTENZAUN

Bombage

AUFWÖLBUNG BEI KONSERVENDOSEN

Serpent

SCHLANGENARTIGES BLASINSTRUMENT

STATION

Fachprofil Lernbegleitung

www.das-lernzentrum.de

STATION 5

Jeder arbeitet für sich allein und nimmt sich **eines** der **Kärtchenpakete** (4 Kärtchen). Bitte **alle Kärtchen** so **umgedreht lassen**, dass man die Bilder nicht sehen kann.

Drehen Sie **nach dem Gongschlag** das **erste** Kärtchen um, lesen Sie **still** den Begriff mit Erklärung und **schauen Sie das Bild** dazu an, ca. eine halbe Minute lang.

Verfahren Sie genau so mit den anderen 3 Kärtchen.

Legen Sie am Ende den Stapel wieder genau so hin wie zu Beginn.

Mansube

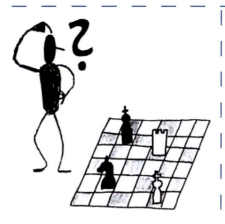

SCHACHPROBLEM

Fachprofil Lernbegleitung | www.das-lernzentrum.de STATION 5

Batate

SÜSSKARTOFFEL

Fachprofil Lernbegleitung | www.das-lernzentrum.de STATION 5

Jalape

MEXIKANISCHES ABFÜHRMITTEL

Fachprofil Lernbegleitung | www.das-lernzentrum.de STATION 5

Kapotte

REGENMANTEL MIT KAPUZE

Fachprofil Lernbegleitung | www.das-lernzentrum.de STATION 5

Fachprofil Lernbegleitung

Kompetenzspiel

Kopiervorlagen

Beziehungsmanagement

Fachprofil Lernbegleitung

www.das-lernzentrum.de

Dialogfähigkeit
Kundenorientierung

Fachprofil Lernbegleitung

www.das-lernzentrum.de

Eigenverantwortung

Fachprofil Lernbegleitung

www.das-lernzentrum.de

Humor

Fachprofil Lernbegleitung

www.das-lernzentrum.de

Fachprofil Lernbegleitung

Lernbereitschaft

www.das-lernzentrum.de

Fachprofil Lernbegleitung

Delegieren

www.das-lernzentrum.de

Selbstmanagement

Fachprofil Lernbegleitung

www.das-lernzentrum.de

Experimentierfreude

Fachprofil Lernbegleitung

www.das-lernzentrum.de

Fachprofil Lernbegleitung

Beratungsfähigkeit

www.das-lernzentrum.de

Fachprofil Lernbegleitung

Zuverlässigkeit

www.das-lernzentrum.de

Fachprofil Lernbegleitung

Entscheidungsfähigkeit

www.das-lernzentrum.de

Fachprofil Lernbegleitung

Verständnisbereitschaft

www.das-lernzentrum.de

Sachlichkeit

Fachprofil Lernbegleitung
www.das-lernzentrum.de

Impuls geben

Fachprofil Lernbegleitung
www.das-lernzentrum.de

Beurteilungsvermögen

Fachprofil Lernbegleitung · www.das-lernzentrum.de

Belastbarkeit

Fachprofil Lernbegleitung · www.das-lernzentrum.de

Fachprofil Lernbegleitung

Tatkraft

www.das-lernzentrum.de

Fachprofil Lernbegleitung

Folgenbewusstsein

www.das-lernzentrum.de

Fachprofil Lernbegleitung

Zielorientiertes Führen

www.das-lernzentrum.de

Fachprofil Lernbegleitung

Konzeptionsstärke

www.das-lernzentrum.de

Fachprofil Lernbegleitung

Organisationsfähigkeit

www.das-lernzentrum.de

Fachprofil Lernbegleitung

Konsequenz

www.das-lernzentrum.de

Wissensorientierung

Fachprofil Lernbegleitung

www.das-lernzentrum.de

Kommunikationsfähigkeit

Fachprofil Lernbegleitung

www.das-lernzentrum.de

Fachprofil Lernbegleitung

pd⁴

Kopiervorlagen

pd⁴ [pɛtifuʀ]

DEFINE: Kurzprofil der Projektleiterin/des Projektleiters (1)

Name der Praxisaufgabe	
Name der Teilnehmerin/des Teilnehmers	
Erfahrungen der Teilnehmerin/des Teilnehmers im Bereich von Lernbegleitung und Lernberatung	
Fachrichtung/ Einsatzbereich/ Aufgaben der Teilnehmerin/des Teilnehmers in der eigenen Einrichtung	
Kontakt	
Bemerkungen	

Fachprofil Lernbegleitung – Dokumentation

Fachprofil Lernbegleitung

www.das-lernzentrum.de

pd⁴ [pɛtifuʁ]

DEFINE: Kurzprofil der eigenen Einrichtung & Lerngruppe (2)

- Name der Praxisaufgabe
- Benennung der Lerngruppe sowie kurze Beschreibung der Lerngruppe
- Name der eigenen Einrichtung
- Anschrift der eigenen Einrichtung (einschl. E-Mail Kontakt und Website)
- Informationen über die eigene Einrichtung

Mögliche/r Kooperationspartner für die Praxisaufgabe

Bemerkungen

pd⁴ [petifur]
DESIGN: Stammblatt Praxisaufgabe

Name der Praxisaufgabe

Zielgruppe/ Beteiligte

Idee/ Kurze Inhaltsangabe und Einordnung in Profil oder Programm der eigenen Einrichtung

Ziele

Zeitplan

Ausgestaltung der Kooperation organisatorisch | inhaltlich | Beteiligte

Fachprofil Lernbegleitung – Dokumentation

Antizipierte Schwierigkeiten und erwartete Ergebnisse

Geplante Präsentation der Ergebnisse | der Praxisaufgabe

pd⁴ [pɛtifuʀ]
DEPLOY: Verlauf der Praxisaufgabe Teil I

Name der Praxisaufgabe

Planung und Vorbereitung der Praxisaufgabe (mit zeitlicher Einordnung)

Realisierungsphase (mit zeitlicher Einordnung)

Ergebnissicherung, Auswertung und Zusammenfassung, Präsentation (mit zeitlicher Einordnung)

Fachprofil Lernbegleitung – Dokumentation

pd⁴ [pɛtifʊʀ]

DEPLOY: Verlauf der Praxisaufgabe Teil II - Materialien

Name der Praxisaufgabe

O-Töne zur Praxisaufgabe (Beteiligte, Kooperationspartner, Sonstige)

Bildmaterial aus den verschiedenen Abschnitten der Praxisaufgabe, von Teilergebnissen u.ä.

Weitere Ergebnisse (Dateien anfügen), Dokumentation der Abschlusspräsentation (Aushänge i. Haus o.ä.)

pd⁴ [pɛtifʊr]

DESCRIBE: Auswertung der Praxisaufgabe und nächste Schritte

Name der Praxisaufgabe

Auswertung (Schwierigkeiten und Erfolge)